成为尖子生

考上名校其实很容易

温爸 —— 著

人民邮电出版社

北京

图书在版编目（CIP）数据

成为尖子生：考上名校其实很容易 / 温爸著.
北京：人民邮电出版社，2025. -- ISBN 978-7-115
-67663-4

Ⅰ. G78

中国国家版本馆CIP数据核字第2025PG3879号

内 容 提 要

本书作者以亲身经历和体会，讲解了培育孩子的成功经验和方法，告诉读者培养一位尖子生，让其考上名校其实很容易。

本书共分为 6 章。第 1 章详细叙述了养育和学习同等重要；第 2 章探讨了养育孩子的主要任务；第 3 章详细阐述了怎样搞好亲子关系；第 4 章详细介绍了养育孩子秘籍；第 5 章分享了养育孩子的经验；第 6 章提醒家长避开孩子养育中的陷阱。

本书内容通俗易懂，可操作性强，适合家长、教育工作者阅读，尤其对渴望培养出优秀孩子的家长具有重要参考价值。

◆ 著　　　温　爸
　责任编辑　孙燕燕
　责任印制　彭志环

◆ 人民邮电出版社出版发行　　北京市丰台区成寿寺路 11 号
　邮编　100164　　电子邮件　315@ptpress.com.cn
　网址　https://www.ptpress.com.cn
　三河市中晟雅豪印务有限公司印刷

◆ 开本：880×1230　1/32
　印张：7　　　　　　　　　　2025 年 8 月第 1 版
　字数：132 千字　　　　　　 2025 年 8 月河北第 1 次印刷

定价：59.80 元

读者服务热线：(010)81055296　印装质量热线：(010)81055316
反盗版热线：(010)81055315

前言

孩子成功考取清华，并被保送清华研究生，这不仅是他在学业上取得的成功，也是家长在养育方面取得的成功。回顾养育历程，我深刻地认识到：智育与德育同等重要，学习与育人应同步进行，不可偏废。

把孩子养育好，为孩子的学习保驾护航，塑造孩子的健全人格，培养出身心健康、品学兼优的孩子，这无疑是每位家长的理想。试问：谁不想看到自己的孩子在学业上绽放光彩，在人生道路上自信前行呢？而本书，正是为了助力家长成就这一美好愿景而精心打造的。本书重点介绍孩子养育秘籍。

养育孩子究竟有何秘籍？有哪些切实可行的方法能助力孩子成长？普通家长能否掌握这些方法？答案就在本书之中。如今，我将这些经过实践反复检验的珍贵经验精心整理成书，希望能帮助更多的家长轻松应对养育挑战，在养育孩子的道路上少走弯路，为孩子的璀璨未来奠定坚实基础。

本书主要围绕孩子养育这一核心主题展开，从考上清华的孩子是怎么养育的这一成功案例切入，逐步深入探讨养育孩子的主要任务、搞好亲子关系的方法、孩子养育秘籍以及经验分享，最后提醒家长避开孩子养育中的陷阱。

本书主要讲述养育孩子的操作方法。对于这些方法，我建议读者尽可能通过实践来进行判断，而非仅仅依靠脑子去判断。读者在使用本书中的方法时，应先去实践，在实践的过程中，一边积累经验，一边掌握方法。当熟练掌握其方法之时，便是孩子养育顺利之际。

我坚信，即便是初为人父人母、毫无养育孩子经验的家长，或是文化程度不高的家长，只要依照书中的方法去践行，将书中的详细步骤落到实处，也完全能够有效地助力孩子成长，培养出综合素质高的孩子。

我期望每一位读者在阅读本书的过程中，都能找到养育孩子的新起点、新方向以及有效方法。

我真心期待本书能够切实地为您提供帮助。读者若在阅读过程中有任何问题，欢迎交流互动，笔者联系方式：①微信：wenbajiaozi；②微博：温爸教子。

温爸

2025 年 2 月

目 录

第 1 章　养育和学习同等重要

第 2 章　养育孩子的主要任务

第 3 章 怎样搞好亲子关系

第 4 章 养育孩子秘籍

第 5 章　养育孩子的经验分享

第 6 章　避开孩子养育中的陷阱

第 1 章

养育和学习同等重要

YANGYU HE XUEXI TONGDENG ZHONGYAO

1.1　考上清华的孩子是怎么养育的

儿子被清华大学录取的那一刻，我们全家人都沉浸在无尽的喜悦之中。那股兴奋与激动之情，难以用言语来表达。孩子的爷爷奶奶、姥姥姥爷得知这个消息后，那股高兴劲儿远超我们。他们的脸上洋溢着自豪与欣慰，仿佛在诉说着对孙子那满满的爱与发自内心的满足。

希望孩子考上清华大学、北京大学或者其他理想的大学，这是亿万父母的理想。很多父母为了实现这个理想，付出了巨大的努力，倾注了无数的心血，然而，最终的结果却常常不尽如人意。那么，我们又是怎么做到的呢？

1.1.1　养育"教程"很重要

儿子考上清华大学，这不仅是他学业上的成功，更是大人养育上的成功。回顾养育儿子的历程，我深刻地认识到：想要把孩子养育好，关键之一在于要有系统化的养育方法。这些方法，最好是文字版"教程"，就像老师讲课用的教材一样。家长只要按照"教程"一课一课贯彻落实即可，但要持之以恒，不断重复落实"教程"上的内容。当然，除了"教程"上的内容，家长也要适当做些灵活的拓展，以问题为导向。"教程"要解决的是养育孩子的基本问题，要为孩子的成长打下坚实的基础，加上适当的拓展，那就更加全面了。

然而，养育"教程"并不好找，那怎么办呢？家长可以通过看书学习、总结归纳，自己制定养育"教程"。

我曾经总结归纳了一部养育"教程"，该"教程"后来慢慢演变成了《0 ~ 6 岁 168 项启蒙方法》《优秀孩子必备的 150 个好习惯》，以及一套"工具箱式"学习方法。

为了养育儿子，我下了很多功夫，看了大量的书，也请教了很多有经验的人，比如家里的老人、单位的同事、邻居、亲戚、朋友、同学等。

我看书的习惯是先快速浏览一遍，把握作者的基本思想，之后再进行精读，边读边做笔记边思考，很多时候一本书要精读好几遍。我本人是 1987 年考入西安交通大学的研究生，读书是我的基本功。我看过的每一本书都能让我有所收获，我觉得看完一本书哪怕只有一个收获也非常值得。我还有个特点，只要我下决心开始研究某件事，一定全力以赴，一般不会敷衍了事。请教别人时，我一般也会做笔记，完全搞懂之后，再回家进行实践。即便当场不做笔记，事后也会补上。

1.1.2 养育孩子，我们主要做了以下几件事

根据我自己总结归纳的养育"教程"，我们主要做了以下几件事：做好后勤保障，启蒙和培养好习惯，教孩子学习方法，教孩子做事方法。

后勤保障就是保障孩子的吃穿住行玩。这些是家长们都擅长的，这里不再赘述。

1. 启蒙和培养好习惯

启蒙主要是在0～6岁进行的。大人给孩子做示范动作，让孩子模仿。孩子上幼儿园大班时，我们就开始集中培养他，使他养成"教程"中涉及的好习惯。在这个过程中，幼儿园大班和小学是重点时间段，不过初中、高中时依然要坚持培养孩子的好习惯。

其实，启蒙和培养好习惯在内容层面并没有绝对严格的界限，它们的有些内容看起来是重复的，区别就在于：在培养好习惯时，家长应该尽可能让孩子养成好习惯，而启蒙的内容不一定非要孩子做到；启蒙的内容相对浅显，培养好习惯的内容相对深刻。

启蒙和培养好习惯，我们当时做起来没什么难度，因为我们有"教程"，按照"教程"一课一课落实即可。我们很少说教，因此跟孩子的冲突较少。仔细想想，大人跟孩子之间的冲突，绝

大多数是双方"用嘴说"引发的，只要有一方不"用嘴说"了，就不太可能起冲突。

在孩子教育中，家长说教是毫无用处的，要孩子学什么、想教孩子什么，直接示范，让孩子模仿即可。

教给孩子的内容，如果孩子没学会，家长就多做几次示范。家长做示范动作，需要像体育老师做示范动作那样，通俗易懂，因此，我建议家长尽可能像体育老师那样去做。

家长有了养育"教程"，把"用嘴说"换成"做示范动作"，养育孩子的难度一下子就降低了很多。

关于启蒙和培养好习惯的具体方法，详见本书 2.3 节和 2.4 节。

2. 教孩子学习方法

孩子上学期间真正需要的是"工具箱式"学习方法。"工具箱式"学习方法，就如同一个神奇的百宝箱，里面包含了很多具体方法，孩子可以根据需要选取。你可以看看你家里的工具箱，里面应该有很多工具，无论遇到什么问题，孩子都能找到相对应的解决方法。"工具箱式"学习方法，即以问题为导向，根据问题选择方法。

给孩子准备"工具箱式"学习方法，并教孩子熟练掌握"工具箱"里的每一种学习方法，这是家长的重要责任。

在助力孩子学习的过程中，我们所看重的是"工具箱式"学习方法是否足够完善？传授给孩子的"工具箱式"学习方法，孩子是否熟练掌握了，是否能熟练运用，用起来是否顺手？还需要调整改进哪些地方？

事实证明，"工具箱式"学习方法才是有效解决孩子学习问题的关键，孩子用功努力、自觉性强，只能算辅助手段。工欲善其事，必先利其器，家长一定要早一点认识到这一点。就算孩子非常用功、非常努力，如果没有熟练掌握"工具箱式"学习方法，学习成绩可能依然上不去。这方面的内容详见本书 2.6 节。

3. 教孩子做事方法

养育孩子，我们的基本思路是"以问题为导向"。只要孩子有困难，只要孩子有需求，只要孩子遇到问题了，我们就要跟他一起寻找解决办法，教会他具体解决方法，让他自己解决问题。

我们在孩子小的时候就教会他买菜、做饭、洗衣服。他会做简单的饭菜，应付一日三餐一点问题也没有。我们带着孩子去旅游时，会让他和我们一起制订旅行计划，因此他从小就学会了制订旅行计划，就像一个小小的旅行家。中考时，一开始他的立定跳远成绩不达标，于是我们就带着他请教了一位体育老师，然后天天和他一起去公园练习，最终他找到了窍门，并顺利达标。在这个过程中，孩子学会了遇事如何找方法，学会了坚持，学会了努力，也感受到了父母的爱与支持。

家长帮助孩子分析问题、解决问题，其实就是在教孩子做事方法。这些方法，有的是家长早就知道的，有的是家长之前并不知道的。有的问题家长可能不知道解决方法，那就跟孩子一起分析研究，一起寻找方法，一起请教他人。在这个过程中，家长不仅带着孩子解决了问题，还教会了孩子怎么寻找方法，这个技能孩子一辈子都用得上。这方面的内容详见本书 2.7 节、2.8 节和 2.9 节。

1.1.3　一定要搞好亲子关系

1. 无条件付出

亲子关系是养育孩子的关键基础，每一位家长都要尽早搞清楚这一点。如果亲子关系差，孩子一般不会积极主动配合你，也不会听你的，家长的想法基本贯彻不下去。建立良好的亲子关系其实也没什么难度，关键是家长要真爱孩子，而不是爱"希望他成为的那个样子"。真爱孩子就愿意全心全意无条件地为孩子付出。这里有一个小故事，或许对你理解如何搞好亲子关系有些帮助。

我儿子喜欢喝绿豆粥，几乎天天都要喝。熬粥是一件简单的事。我认为，熬粥有三种方式：第一，前一天晚上熬好粥，第二天早晨热一热；第二，前一天晚上把绿豆泡上（预约），第二天早晨熬粥就会很快；第三，每天早晨现熬，绿豆不提前泡。第一种粥是剩饭；第二种粥儿子不爱喝，他认为不香；第三种粥儿子认为很好很香，但时间可能来不及。我不想让孩子喝第一种粥，也不想让孩子喝第二种粥。

孩子每天 6:30 起床，6:35 吃饭，6:45 出门。经过简单试验后，我决定 5:30 起床，用小型高压锅熬粥。我把闹铃调到 5:30，闹铃一响，立刻起床，冲进厨房。接水，点火，开排烟机，淘绿豆，淘米，盖上高压锅。动作娴熟，2 分钟就能完成，然后我再准备其他吃的。

从开始煮到高压锅上汽，大约需要 20 分钟，再等 10 分钟后灭火，冷却需要 25 分钟。等到可以开盖时，时间已经差不多 6:30 了，距离孩子喝粥的时间只剩下 5 分钟左右了。热粥 5 分钟是无法自然冷却到能喝的温度的，孩子喝的时候一定会烫嘴。

我第一次熬粥时，问题就出现了。因为烫嘴，无法喝，孩子没喝粥就出门了。孩子去上学后，我心里难受极了，就像被一块大石头压着，然后我陷入了沉思。我想，这个问题一定要想办法解决。经过思考，我想到了"用凉水冷却"。具体做法是：把热粥盛到不锈钢小盆里，再把小盆放入加满凉水的大餐盆中，用小勺不断搅动小盆里的粥。经过试验，5 分钟完全可以将粥冷却到能喝的温度。后来我就一直用这个办法冷却粥。但是，我没跟任何人讲。

有一天早晨，我正在聚精会神地搅拌粥，孩子不知道什么时候出现在了我背后，他冷不丁问了我一句："干啥呢？"我吓了一跳，如实回答："搅拌粥呢，不然会烫嘴。"孩子看了看我的"作案工具"，一句话也没说。我弄好粥，回头招呼他喝粥时，突然看见孩子的眼圈红了……然后，我的眼圈也瞬时没出息地红了……

这件事对我的触动非常大，当时的场景至今历历在目，一辈子也难以忘怀。家长为孩子做点事，用不着成天挂在嘴上，只管去做就是了，孩子一定能看在眼里、记在心里。遗憾的是，有的家长总喜欢把对孩子的付出挂在嘴上，唯恐孩子不领情、不感恩，好事也就变成了坏事。有的家长经常讲："我容易吗？我累死累活为了谁呀？"你这么一讲，你的付出就变成了"有条件的付出"了，就变成"交易"了，孩子内心的感动也会因此"打折"。

孩子的情感是丰富的、细腻的。家长不要认为孩子什么也不懂。爱是付出，而不是索取。真正的爱是"无条件付出"。对孩子，要"无条件付出"。不能把孩子的学习成绩跟你的付出挂钩。无论为孩子做什么，不应祈求孩子的感谢、感激、感恩。如果孩子对你表达了感谢、感激、感恩，你应该高兴；如果孩子没有对你表达感谢、感激、感恩，你也不应生气，他可能藏在心里。

我们和孩子的感情处理得非常好。在家里，我和我儿子不是"爷俩"，我们是"哥俩"。我们成天研究、讨论、争论这样那样的问题，斗智斗勇。我们非常关心爱护孩子，孩子也非常关心我们。夏天的一个夜晚，忽然狂风大作，他被吵醒了，到我们屋子把窗户关上。过了一会儿，风停了，他又过来把窗户打开了。这虽然是一件非常小的事，但很能体现出孩子对大人的关心，说明孩子心里有大人。那一刻，我们的心里暖暖的，仿佛有一股暖流在流淌。我们知道，我们的爱，孩子都感受到了，他也在用自己的方式爱着我们。

2. 从不打骂孩子

有些家庭中，存在着一些令人忧心的状况：孩子每次想要表达自己的想法都需要"过五关斩六将"，话语才刚刚出口，就被父母冷酷地否定，有的甚至会遭受打骂。有的父母居然还振振有词：打是亲，骂是爱，不打不骂是旁人。长此以往，亲子关系势必会变得摇摇欲坠。

在我们家，对于儿子，我们从不设立所谓的"过关"门槛。无论他有怎样的想法或计划，不管我们内心是赞同还是反对，我们都不会直截了当地表明"同意"或者"不同意"。孩子压根儿不需要"过关"，我们也不存在"审批"。我们所选取的方式是先和孩子交流，探讨事情的细节和具体操作流程。在交流过程中，不存在生硬的判断和直接的决定，而是通过具有引导性的提问及耐心的倾听，促使孩子阐述他自己的思路。例如，我会询问他 "那你计划从何处着手？" "你认为可能会遭遇哪些难题？"等。

在这样的讨论中，孩子会对自己的想法进行更深入的思索，他会逐步清楚每个步骤的可行性及可能面临的问题。而最终究竟是继续施行还是放弃，往往无须大人直接做出决定，他自己便能得出结论。要让孩子自己决定要不要做，而非让他感觉自己始终处于被迫的地位。

这种方式不但为孩子提供了充分表达和思考的契机，也能让孩子理清自己的思路，让我们能更深入地了解他的内心世界。同时，还避免了因直接的否定而损害孩子的积极性和自信心。

我们几乎没有直接否定过孩子，从不打骂孩子。

提醒家长，孩子心情不好，会严重影响学习。如果情况严重，还会产生 "次生灾害"，如孩子吃不好、睡不好、猛玩游戏。家长要尽可能想办法让孩子每天保持心情愉快。

3. 对孩子放手

有人曾经说我从来不管孩子，更不批评孩子。我是这么想的：我已经在启蒙和培养好习惯层面下足了功夫，我还教给孩子 "工具箱式" 学习方法和做事方法，有好习惯和规矩管着他，有各种方法帮着他，孩子已经被武装起来了，真的不需要我们操心了。我们完全可以信任孩子，对孩子放手。关键是要把功夫下在启蒙、培养好习惯和传授学习方法等"技术"层面，而不是成天"盯着人"。

从小到大，儿子的事基本都是他自己最终拿主意的。中考、高考报志愿时，儿子的决定都是最终的决定。他的钱物都由他自己精心管理。孩子很有主见，自己的事自己认真计划，必要时才请我们帮忙。

实践证明，我们对孩子放手，孩子也没有辜负我们，关键时刻他从来不掉链子。

孩子很守规矩、守纪律，让人无比安心，出门办事也让人特别放心。他从小就一个人坐火车、飞机，从来没有出现迟到的情况。那小小的人，背着行囊，勇敢地踏上旅程，仿佛在告诉世界他的成长与担当。

除了学习成绩一直很稳定，孩子的文体活动也开展得有声有色。小学时他经常跟我们院子里的一大群小孩儿踢足球，那欢快场景仿佛还在我眼前。进入初中后，他就迷上了篮球和游泳等项目，因为天天打篮球，晒得很黑，这些爱好他一直保持着。他从初中开始担任班长、团支书、学生会副主席等职务，初中和高中时他还获得过北京市三好学生的荣誉称号。

我儿子在哈尔滨读的小学，在北京读的初中，小学和初中都是普通学校。中考，他考入北京四中；高考，他成功被清华大学录取。4年后，他被保送为清华大学研究生。北京四中和清华大学的竞争都异常激烈，如果没有养育手段保驾护航，单凭智商和用功，他一路走来不会如此一帆风顺。

在此提醒各位家长，若以培养一支军队来比喻对孩子的养育，那么，抓孩子的学习就如同作战训练与战场打仗，而对孩子的养育则恰似后勤保障工作及思想工作。后勤保障工作和思想工作是为孩子学习保驾护航的关键手段。两手都要抓，两手都得硬。

如果让我简要归纳总结，我认为：在养育孩子的过程中，亲子关系是基础，亲子关系如果不融洽，孩子不可能积极主动配合家长，家长的想法很难落实到位。如果有文字版养育"教程"，做起来会更系统，也会比较轻松。

1.2　养育：培育孩子的综合素质

1.2.1　什么是综合素质

养育，是要培育孩子的综合素质。那么，什么是孩子的综合素质呢？

孩子的综合素质是一个多维度的概念，涵盖了以下几个主要方面。

1. 品德修养

（1）道德观念。孩子有对善恶、是非的基本判断。例如，孩子知道在不同情境下哪些行为是道德的、哪些行为是不道德的。

（2）社会责任感。孩子关心社会事务，具有集体荣誉感。例如，孩子积极参与学校或社区的公益活动，如环保活动、关爱弱势群体的志愿活动等，意识到自己作为社会一员的责任。

2. 学业能力

（1）学习成绩。这是对学校课程知识掌握程度的一种量化体现，即孩子在语文、数学、英语等各学科上能够达到相应的知识水平和技能要求。例如，孩子能够熟练进行数学运算、具备较强的阅读和写作能力等。

（2）学习能力。学习能力包含自主学习能力，即孩子能够独立规划学习任务、制订学习计划并有效执行。例如，主动预习、复习，不需要家长或老师过度督促；熟练掌握学习方法，如善于归纳总结知识、运用记忆技巧等。

3. 身心健康

（1）身体健康。良好的身体素质是孩子成长的基础。这包括达到正常的生长发育指标，如身高、体重符合相应年龄标准；具备一定的运动能力，如掌握跑步、跳跃、投掷等基本运动技能；拥有良好的生活习惯，如饮食合理、睡眠充足和作息规律。

（2）心理健康。在情绪管理方面，孩子能够识别自己的情绪，如快乐、悲伤、愤怒等，并采用合适的方式表达和调节。例如，在生气时不会随意发脾气，而是通过倾诉或者转移注意力等方式来缓解情绪。同时，具备积极的自我认知，对自己有正确的评价，有自信心去面对生活中的挑战。

4. 艺术素养

（1）艺术感知。孩子对音乐、美术等艺术形式有一定的感知能力。例如，在音乐方面，能够欣赏不同风格的音乐，从古典音乐到流行音乐，感受音乐中的节奏和情感等；在美术方面，能够欣赏名画的色彩、构图等。

（2）艺术表现。孩子有机会参与艺术创作或表演活动，如学习乐器演奏、参加绘画比赛或者舞蹈表演等，通过这些活动来表达自己的情感和创造力。

5. 社交能力

（1）人际交往。孩子能够与同龄人建立良好的友谊关系，懂得分享、合作与互相帮助；在与他人交往中，具备基本的沟通技巧，如倾听他人意见、清晰表达自己的想法等。例如，在小组合作项目中能够与伙伴和谐相处，共同完成任务。

（2）适应能力。孩子对新环境有较强的适应能力，无论是面对新学校还是新班级，能够快速调整自己的心态和行为方式，融入其中。

1.2.2 培育综合素质的"抓手"

培养孩子，除了抓学习，还包括启蒙、培养好习惯、教孩子处理人际关系、培养孩子运动能力、让孩子学会休闲娱乐、保持孩子的身心健康、教会孩子表达自己、传授孩子基本的人生智慧等。上述内容，就是培育综合素质的"抓手"。

启蒙，绝非局限于让孩子学习文化知识，而应该聚焦于让他掌握生活常识（详见本书 2.3 节）。恰似为手机或计算机安装操作系统一般，启蒙的本质是在孩子的大脑中安装日常生活操作系统。

培养好习惯也是孩子养育中不可或缺的部分。一个良好的习惯会伴随孩子的一生。正如培根所说："习惯真是一种顽强而巨大的力量，它可以主宰人的一生。"所谓高素质，即养成了良好习惯；低素质，则是养成了不良习惯（详见本书 2.4 节）。

教孩子处理人际关系，同样是孩子养育中不可忽视的部分。能与他人友好相处、尊重他人、理解和包容他人，这些都是孩子在学校以及未来在社会中生存与发展所必备的关键技能。家长要悉心教导孩子学会与人合作、分享，精心培养他的团队精神与社交能力（详见本书 2.8 节）。

运动对孩子的成长也是极为重要的。适当的运动可以让孩子拥有健壮的体魄，增强他的免疫力，而且运动还能培养孩子的毅力和团队合作精神。无论是在户外奔跑嬉戏，还是参加一些常规的体育活动，都能让孩子释放活力，享受快乐。伏尔泰说过："生命在于运动。"这足以表明运动在孩子成长过程中的重要意义。

休闲娱乐对孩子也非常重要。孩子不是学习的机器，他也需要放松和娱乐。让孩子做一些自己喜欢的事情，比如画画、唱歌、玩积木等，可以激发他的创造力和想象力。这不仅是一种放松方式，更是孩子探索世界、发现自我的重要途径。

保持孩子的身心健康更是养育孩子的重中之重。除了身体健康，心理健康也不容忽视。家长应关注孩子的情绪变化，及时为他提供心理上的支持和引导。让孩子学会正确面对挫折，保持积极乐观的心态，这有助于他在人生道路上勇往直前。

教会孩子表达自己也是养育孩子的过程中至关重要的一环（详见本书 2.7 节）。孩子若不会表达自己，就如同在茫茫大海中失去了罗盘的船只，极易失去方向。一个善于表达的孩子，能够清晰地传达自己的想法、诉求和情感，让他人更好地理解自己。无论是对知识的渴望、对友谊的向往，还是对不公平的不满，他们都能通过恰当的表达找到解决问题的途径。

家长在孩子小时候应教他一些基本的人生智慧（详见本书 2.9 节），这能在他的脑海中埋下智慧的种子，当他长大后面对类似情况时，那些曾经学过的内容就会帮助他迅速形成完整且良好的解决方案。

当然，抓学习非常重要，但我们不能把孩子的成长局限于学习成绩的提高。一个全面发展的孩子，需要在各个方面都得到关注和培养。只有这样，孩子才能真正成长为一个有健壮体魄、有情感、有道德、有良好人际关系、有素质、有智慧的人。正如蔡元培先生所说："教育者，非为已往，非为现在，而专为将来。"孩子养育的全面性正是为了给孩子更美好的未来奠定基础。

总之，养育孩子，要培育孩子的综合素质，赋予孩子无限可能，全方位塑造孩子的未来。

1.3   养育：为孩子学习保驾护航

我们满心期待着孩子能在学业上取得优异成绩，也常常在孩子成绩不尽如人意时陷入焦虑与迷茫。我们急切地去质疑孩子的学习态度、努力程度和内驱力，或者怀疑他知识点没学透、做题少，也会去探寻孩子在学习方法层面存在的问题。然而，在这个过程中，我们却极易忽略一个至关重要的因素——孩子养育对其学习的影响。这个被我们忽视的因素，很可能就是影响孩子学习成绩的重要因素。

养育孩子，表面看来似乎与其学习并无直接联系，实则不然。下面举两个例子来阐述"孩子养育"这个因素对孩子学习的影响。

例子之一：日常生活习惯对学习的影响。

例如，规律的作息。每天按时起床、入睡，保证充足的睡眠，可让孩子在学习时呈现出良好的精神状态。如果孩子天天熬夜、睡懒觉，那么在课堂上必然会昏昏欲睡，难以集中精力听讲，如此，他怎能抓住老师讲解的重点？又怎能汲取知识的精华呢？规律的作息就像是给"学习"这台精密的机器注入了稳定的能量，使其能够持续高效地运转。

例如，合理的饮食习惯。合理的饮食习惯能够确保孩子饮食健康，摄取充足的营养，拥有健壮的体魄；反之，孩子饮食习惯不好，比如挑食、暴饮暴食等，就会导致身体虚弱，容易生病。当孩子因身体不适而无法专注于学习时，即便每天都到校上课，也难取得良好效果；本来学得就不轻松，要是因感冒而不能正常到校，落下的课程恐怕就很难补上了。

例如，良好的整理物品的习惯。一个能让自己的房间保持整洁、将物品摆放得井井有条的孩子，在学习方面往往也更具条理性。他知道该如何整理学习资料、怎样安排学习任务，不会因杂乱无序而耗费时间与精力。而在生活中邋遢又没有条理的孩子，在学习时通常也会陷入混乱状态，找不到自己要用的书、试卷和错题本。这就好比在战场上，士兵找不到自己的武器，还怎么能打胜仗呢？

例如，懂得尊重他人且遵守公共秩序的孩子，在学校往往更受老师与同学的喜爱。良好的人际关系可为孩子构建和谐的学习环境，使其能够愉悦地投身于学习之中。倘若孩子缺乏规则意识，行事莽撞无礼，便可能招致他人的反感，从而影响他在学校时的心情。孩子如果心情不好，就很可能会影响他的学习。

例子之二：亲子关系对学习的影响。

亲子关系融洽，孩子通常乐于听从家长的建议，并且愿意积极主动地配合家长。这样一来，家长所安排的诸如教授学习方法等内容，便能够顺利地贯彻执行。

另外，在良好的亲子关系氛围之中，父母能轻松地引导孩子养成良好的学习习惯。良好的亲子关系能为孩子提供积极的情绪体验，让孩子在面对学习任务时充满动力。

如果亲子关系不好，对孩子学习成绩的负面影响是多方面的。紧张关系中的争吵、矛盾会使孩子焦虑不安，影响学习专注力，导致其在课堂上分心、在家无法静心学习。例如，常与父母发生冲突的孩子学习时易受干扰且效率低下；而且，父母的批评易让孩子产生逆反心理，抵触学习，认为学习是为满足父母期望而非自身成长，从而失去学习动力，导致成绩下滑。

从上述例子能够看出，日常生活习惯、亲子关系等对孩子学习有着至关重要的影响。当我们因孩子成绩不佳而焦虑烦躁时，不妨静下心来，多多关注孩子养育方面的要素对其学习产生的影响。我们可以从培养规律的作息、合理的饮食习惯及良好的整理物品的习惯做起，让孩子学会遵守规矩，为其学习营造良好的环境，从而为孩子的学习保驾护航。

有些孩子学习成绩不佳，其原因往往不是智商问题，不是学习方法问题，也不是不努力的问题，而可能是日常生活习惯方面有干扰，亲子关系层面有阻碍。因此，这些问题都可以被纳入孩子养育范畴。

有句话说得极为精妙："工夫在诗外。"在助力孩子学习这件事上，家长不能只着眼于让其多学习知识点和做题。我们应该跳出这种局限，在孩子养育的各个要素方面多花心思，从看似与学习无直接关联的方面入手。首先，家长应为孩子营造良好的学习环境。这里所说的"环境"并非"客观的硬件设施和物质条件"，而是习惯、规矩、亲子关系等属于孩子养育范畴的行为要素。如此行事，极有可能收获事半功倍的成效。让孩子在更健康的环境里茁壮成长，他的学习也会变得更加轻松且高效。

总之，倘若孩子养育得好，那么诸多方面的积极成果将会为孩子的学习起到保驾护航的作用；反之，若是养育工作未能做到位，便极有可能对孩子的学习造成干扰，甚至产生负面效应。

1.4 养育目标：身心健康、品学兼优

在养育孩子的舞台上，常常上演着令人痛心疾首的一幕：那些曾经在学业上光芒四射的孩子，却在成长的道路上遭遇重重困境，人际交往举步维艰，患上抑郁症，甚至出现自残等过激行为。尤其是当孩子患上抑郁症时，那简直如同晴天霹雳，让家长产生过往的所有心血都可能瞬间化为泡影的感觉。追根溯源，这在很大程度上还是因为家长只关注学习成绩，而忽略了对孩子的全面养育。

你可以去调查一下，那些考上清华大学、北京大学等名校的孩子，绝大多数是身心健康、品学兼优的孩子。孩子考上名校，不仅是其学业上的巨大成功，更是家长养育上的成功。

孩子的成长是一个多维度的过程，就如同一个复杂的生态系统，每一个部分都相互关联、相互影响。学习成绩固然重要，但它仅仅是孩子成长中的一个方面。这意味着，我们要关注孩子的兴趣爱好、性格、社交能力、品德修养及身心健康等诸多方面。培育孩子的综合素质是一项巨大而细致的工程，我们绝不能被学习成绩这单一因素束缚住。

"磨刀不误砍柴工。"这句话在孩子的养育方面有着深刻的启示。孩子的学习就好比砍柴，孩子自身所具备的综合素质就是那把砍柴的刀，家庭养育的过程就好比磨刀的过程。砍柴，最好是要先磨刀。如果我们能够在孩子成长的过程中全方位地打磨这把"刀"，让他们在身心健康、品德和学识等各方面都得到良好的发展，这把"刀"就会变得锋利无比，砍柴也就会变得非常顺利。砍柴效率高，收获也会比较大。如此，当他们走向未来的人生道路时，就能披荆斩棘，收获满满的成就。

因此，我们的养育目标应是培养"身心健康、品学兼优"的孩子。

身心健康是孩子幸福生活的基石。健康的身体能够让孩子充满活力地去应对生活和学习中的各种挑战，而健康的心理则有助于他在遇到困难与挫折时保持乐观、坚韧。品学兼优体现在对品德修养和学业成绩的双重追求上。良好的品德会使孩子具备尊重他人、善良、有责任感等珍贵品质，优异的学业成绩能够让他们迈向更广阔的世界。只有全面发展的孩子，才是真正健康、快乐且优秀的孩子。

此外，我们看待孩子的成长时，不应仅仅着眼于他们小学、初中、高中阶段的学习成绩，而要把视野放得更为长远，着眼于孩子的整个人生。"十年树木，百年树人"这一理念告诫我们，养育孩子必须要有长远的眼光。我们栽种一棵树时，要考虑它在未来 10 年如何成长；同样，养育孩子时，我们应该着眼于在今后的一生中这个孩子将如何发展。"百年树人"强调的是家长在养育孩子时需将目光放到孩子的一生，为孩子的一生奠定良好的基础。

"风物长宜放眼量"，站在"百年树人"这样的长远角度来考量"身心健康、品学兼优"这一养育目标，其意义就更为深刻了。这就要求我们在孩子成长的各个阶段，都要高瞻远瞩。从孩子幼年的启蒙、培养好习惯，到青少年时期的价值观塑造，再到成年之后的人格完善，每一步都应当围绕"百年树人"这一长远目标展开。我们不应被短期的学习成绩迷惑，而应以全面发展的眼光，站在孩子一生的高度去养育他们，从而使他们成为真正"身心健康、品学兼优"且能适应社会、幸福快乐的人。

第 2 章

养育孩子的主要任务

2.1　养育孩子的主要任务概述

我觉得，无论我们从事何种事业，都应秉持这样的理念：先将自己分内之事逐一梳理出来，接着寻觅恰当的方法、得力的工具、可靠的帮手，精心制订完整的解决方案，然后竭尽全力将分内之事做到极致。

为了你的分内之事，你竭尽全力了吗？如果没有竭尽全力，那就尽可能不要奢望好成绩，不要奢望顺利。

养育孩子，其实就是家长的"事业"之一。在养育孩子的这场旅程中，家长的分内之事究竟有哪些呢？

在我看来，家长主要有 5 项任务：一是做好后勤保障；二是构建良好的亲子关系；三是启蒙并培养良好习惯；四是教学习方法；五是帮孩子把握好大方向。

做好后勤保障，涵盖吃、穿、住、行、玩等各个方面。要保证孩子饮食健康、饮水适量、玩耍愉悦、睡眠充足，进而维持身心健康。

构建良好的亲子关系、启蒙并培养良好习惯、教学习方法，这几点都比较容易理解。

　　帮孩子把握好大方向，比如选择学校、课程，处理人际关系等，在这些关键的决策时刻，我们需要凭借自己的人生经验与智慧，给予孩子宝贵的建议，助力他做出明智的选择。

　　当孩子出现任何困惑时，家长都应该第一时间站出来，帮助孩子解决问题、克服困难。要是家长自己力不能及，那就向他人请教来帮助孩子克服困难，绝不能让孩子被困难和困惑所禁锢。我们要做孩子最坚实的后盾，让孩子在遭遇困难之际，明白我们就在身旁，他永远不会孤单无助。

　　做完这些，如果家长还有精力，也可以适当拓展。例如，教会孩子表达自己（详见本书 2.7 节），教会孩子人际交往（详见本书 2.8 节），传授孩子基本的人生智慧（详见本书 2.9 节）。

　　请各位家长用心思考这 5 项任务，这里面并没有提到"教授孩子知识点并指导做题"。在我眼中，教授孩子知识点和指导做题并不属于家长的职责，至少不是家长的主要职责。

　　我的爷爷奶奶和我的父母文化程度都不高，他们从来没有教过我知识点和做题。我的三弟和弟媳都是初中文化程度的农民，他们的三个孩子都是研究生；我的四弟和弟媳都是小学文化程度的农民，他们有两个孩子，老大是本科生，老二正在读初二，学习成绩不错。他们也同样不教孩子知识点和做题，实际上，他们也不会这些知识，没能力教。

　　学校教育侧重于教授孩子知识点和指导做题，重点是教授书本上的知识，也就是所谓的"教书"；而家庭教育侧重于孩子养育，更多的是"育人"。学校教育和家庭养育应该各司其职。当然，如果家长在高质量地完成自己的"育人"任务之后，还有余力和能力参与"教书"，那自然再好不过了。

做到了上述这些，你的孩子养育"事业"就会顺风顺水，你就不会陷入纠结、焦虑。

在养育孩子的过程中，不少家长都深陷纠结、焦虑的泥沼。这种现象背后的原因是多方面的，而其中一个不容忽视的原因便是家长在养育过程中的角色"错位"或者"越位"，即未能找准自己应处的位置，没有将精力放在自己分内之事上。

在与一些家长的交流中，我发现了一些典型的情况。一部分家长几乎将全部注意力放在孩子的学习上，不断对孩子下命令、提要求。然而，这些家长自身并不懂得学习方法，也不教授孩子有效的学习方法，甚至有些家长连有哪些学习方法都全然不知。他们在孩子学习上的"作为"局限于"吼"和说教。这实际上是一种角色错位，家长过度介入孩子学习的督促环节，却忽略了自身应该在教授孩子学习方法方面承担的责任。

有些家长，不管启蒙，不培养好习惯，不教学习方法，每天都试图替代老师，紧盯着孩子学习知识点和做题，这其实是角色越位。分内之事不做，或分内之事没做好，却把精力放到了分外。

在孩子的饮食上也存在类似的问题。有一部分家长连基本的做饭技能都不具备，做出的饭菜难以下咽。这些家长并未将为孩子提供营养可口的饭菜当作分内之事，这无疑也是一种角色错位或者失职。在自媒体高度发达的今天，各种教做饭的视频层出不穷，这些视频内容详细到几乎是手把手地教人们做饭。在这样好的学习条件下，学会做饭并非难事。

家长唯有找准自身定位，先搞清楚什么是自己的分内之事，做好分内之事，或者先将分内之事妥善完成之后再去关注其他事务，才能够在养育孩子的过程中减少纠结与焦虑。

2.2　养育孩子应具备的条件

2.2.1　家长自身应具备的条件

（1）家长尽可能深入、全面地理解亲子关系的重要性及责任趋向。我的理解是，亲子关系的好坏往往取决于家长。家长若总是认为自己没责任，认为责任在孩子身上，亲子关系就不大可能搞好。不仅如此，家长还需要熟练掌握构建良好的亲子关系的具体方法。

（2）拥有一部养育"教程"非常重要。这部养育"教程"，可以来自别人的经验总结，也可以是家长自己根据学习和实践经验精心整理出来的育儿宝典。有了"教程"，家长在养育孩子的过程中就有了明确的路线图，可以有条不紊地前行。而且，随着孩子的成长和家长经验的积累，家长还可以不断对"教程"进行完善和更新，使其更加符合自己和孩子的实际需求。

（3）家长要能静下心来，每天安排专门时间陪伴孩子。在这快节奏的现代生活中，人们往往忙碌于工作和其他各种事务，很容易忽略对孩子的陪伴。然而，孩子的成长是一段无法回头的单向旅程，他需要家长的关注和陪伴，就如同花草需要雨露的滋润。家长应当每天抽出一定的时间，与孩子一起读书，在知识的海洋中畅游；一起玩游戏，在笑声中感受亲子之间的温暖；沟通交流，倾听孩子内心的声音，了解他的想法和感受。在这个过程中，家长不仅可以增进亲子关系，还能及时发现孩子的问题并给予正确的引导。

（4）构建帮手圈。在养育孩子的漫长旅程中，家长常常会遭遇各种问题与挑战，就像在崎岖的山路上艰难前行的旅行者。有时即便竭尽全力，家长仍会感到困惑无助。此时，构建帮手圈就显得极为重要。帮手圈中可以包括家人，他们是孩子成长道路上的港湾；朋友，可以与他们分享育儿的酸甜苦辣；育儿专家，他们就像充满智慧的导师，为家长答疑解惑；社区或者自媒体领域的其他家长，可以与他们交流育儿经验、分享资源，共同解决问题。在帮手圈中，家长可以学到不同的育儿方法和经验，拓宽自己的视野。而且，当遇到困难时，家长也能得到他人的支持和鼓励，减轻自己的压力，让自己在育儿的道路上不再孤单。

（5）养育孩子，并非要求家长具备很高的文化程度，亦不需要家长博览群书，更不要求家长拥有过人的智慧。

我所知晓的一些家庭便是如此，家长仅仅是普通劳动者，文化程度不高，有的连高中都没读过，更谈不上博览群书了。可是，他们的孩子却成长得极为出色。这些家长虽然无法给孩子讲授文化知识，但他们以自己的方式给孩子启蒙、培养孩子的好习惯、教孩子学习方法，给予孩子暖心的爱、精心的陪伴。

养育孩子，同样不需要家长具备过人的智慧。家长能够凭借自身的行为，向孩子传递正确的价值观即可，例如诚实为人、努力工作、尊重他人等。只要家长以身作则，孩子就会看在眼里，铭记于心。毕竟，孩子是通过观察和模仿家长的行为来认知和成长的，而非依赖家长的智慧。

2.2.2　系统化地学习养育孩子的方法

家长要系统化地学习养育孩子的方法。"系统化"是相对于"碎片化"而言的。系统化的重要特点是"完整全面"，而不是"某些碎片化的知识和信息的堆积"。

1. 学什么

学什么，即学习如何做好后勤保障、如何构建良好的亲子关系、如何启蒙并培养良好习惯、如何教学习方法、如何帮孩子把握好大方向。

2. 向谁学

家长可通过阅读纸质书籍学习，那一页页承载着系统化方法的纸张，仿佛是无声的老师。听音频是一种借助耳朵进行学习的方式，它的优势在于不会占用专门的学习时间。无论是做饭的时候，还是搞卫生期间，甚至排队时，都可以利用音频来学习。当然，也可以利用视频学习。还可以向他人请教，无论是身边有经验的人，还是育儿专家，他们的经验和建议都可能成为家长育儿道路上的宝贵财富。

3. 怎么学

如果自己习惯阅读纸质书，就挑选一两本有成功经验的人写的书，完整研读几遍，边读边做笔记。如果自己习惯听音频，就选一两套有成功经验的人录制的音频，完整听几遍，边听边做笔记。若自己习惯看视频，就选一两套有成功经验的人录制的视频，完整看几遍，边看边做笔记。家长一定要系统地学习，不能半途而废，不能挑挑拣拣、断章取义，而要用心去实践每一种方法。家长在学的过程中，一定要亲自实践这些方法，因为几乎每种方法都包含行为，光靠脑子理解无济于事。

4. 为什么不能断章取义

几乎每个人总结归纳的方法都是系统化的，如果断章取义，必然会破坏方法的完整性和系统性。因此，我建议：学他人的东西，要么不学，要么都学。当自己熟练掌握他人的方法后，再去谋求改良。若一开始就想着取舍，一般都很难学会。

5. 学到什么程度

要学到任意抽查都能做到滚瓜烂熟的程度，自己看过、听过的内容，都能给孩子示范。曾有人跟我说：他读了 90 多本孩子养育类图书，却还是养育不好孩子，甚至还不如看书之前了。这是个很有意思的现象，此类情况不少见，值得我们去调查研究一番。下面是个调查提纲，你可以试着回答一下其中的问题。

（1）你完整地看完一本书了吗？

（2）你看的那本书大概多少字？几天看完的？做笔记了吗？做了多少字的笔记？

（3）书中的逻辑弄清楚了吗？书中的方法弄清楚了吗？

（4）看完书，记住了多少？请把你记住的内容默写出来。

（5）书中的方法哪些是你非常赞同的，哪些是你不赞同的？对于赞同的，你知道作者为什么那样做吗？对于不赞同的，你跟作者沟通交流了吗？其实，你不赞同的，恰恰是书中的重点。

（6）书里的一些方法，你有没有亲自实践过呢？

（7）假如现在用书里的内容出题考你，你觉得你能得多少分？

（8）看书有浅阅读、消遣式阅读，也有精读，你是哪一种？

回答清楚这些问题，看书无效果的原因自然也就找到了。

家长没有学会并熟练掌握养育孩子的方法，在养育孩子这件事上成效欠佳，问题很可能就在于碎片化的阅读方式；不排除在阅读过程中出现偏差，没有仔细体会作者所讲的内容和细节，而是一直在判断其讲得对不对。

在此，我强烈建议家长尽可能系统地学习养育孩子的方法。哪怕此生只读一本孩子养育类图书，只听、只看一套音频、视频，也要确保完整地读完、听完、看完，并且系统化地认真学习几遍。

在阅读与学习的过程中，那些你觉得作者"讲的是错误的"内容，恰恰需要你投入更多的精力去深入研究。当面对自己没有经验的事情时，去判断对方讲得对不对，往往只是空想。或许这些一开始被你认为是错误的地方，恰恰是你自身错误认知的所在之处，也恰恰是你的问题所在。当然，你所看到的必须是对方的实践经验，而不是观点、理念或道理，更不应该是对方东抄一点，西抄一点组合而成的综述。

2.3 怎么给孩子启蒙

2.3.1 启蒙的对象

1. 启蒙孩子

家长要先清楚有哪些启蒙内容，最好有启蒙的系统化课程，只要按照启蒙课程做即可。在给孩子启蒙的过程中，家长不能随心所欲，不能仅凭自己的想象，不能"东一榔头，西一棒子"。有些家长自己小时候没有接受过系统的启蒙训练，没有启蒙课程，给孩子启蒙时也只能凭想象，这是一个很大的问题。

2. 启蒙家长

所谓启蒙家长，意思是启蒙孩子的过程也是家长学习如何教导孩子的过程。家长在实践中学习，边学边干，会逐步掌握养育孩子的有效方法，同时也会积累宝贵经验，越来越清楚该怎么养育孩子。

2.3.2　启蒙的时机

孩子在 0~6 岁阶段启蒙极为容易，家长使得上劲儿，因为
0~6 岁的孩子在很多时候还是听家长的，或者不怎么反抗。孩子
渐渐长大，就会越来越不听家长的了。一年级是个分水岭，上小
学之后，孩子每长大一天，家长所能使上的劲儿就会小一些。当
孩子上初中、高中时，家长所能使上的劲儿会越来越小。当孩子
上大学后，家长应该一点劲儿也使不上了。

2.3.3　尽可能亲自启蒙

如果你亲自为孩子启蒙，你和孩子之间就会有更多亲密接
触，你和孩子之间彼此了解、互相合拍，孩子就愿意听你的；如
果由老人为孩子启蒙，孩子就会跟老人合拍，愿意听老人的；如
果由保姆为孩子启蒙，孩子就愿意听保姆的。想让孩子听自己
的，家长就应该亲自为孩子启蒙。

倘若将 0~6 岁的孩子交由保姆带，父母仅仅在下班后、睡
觉前作秀式比画几下，那么孩子的生活习惯和行为习惯将主要是
由保姆培养的。孩子是你的，生活方式和行为模式却随保姆，跟
保姆合拍，你会作何感想？

假如保姆有文化、三观正、具有各种好习惯，就像海伦·凯

勒的家庭教师安妮·莎莉文那样，那还好说，否则，孩子在启蒙阶段就被耽误了。但不是被保姆耽误了，而是被家长因为没有亲自给孩子启蒙而耽误了。

2.3.4 启蒙的注意事项

家长应尽可能少给孩子讲大道理，可以讲故事，因为孩子很有可能听不懂大道理，而故事比较吸引孩子。涉及方法时，家长应该尽可能做示范来教孩子。

在启蒙过程中，家长的耐心极为重要。同一个内容，家长应尽可能多教孩子几次，而不是教一两次就想着孩子是否学会了。家长不应在教孩子两三次后就厌烦了。厌烦和没耐心，这是家长在启蒙过程中要尽可能克服的。

在启蒙过程中，如果家长能够做一些心得笔记，那将会更好。同时家长也可以与其他家长交流互动，相互学习。

2.3.5 关键是生活常识启蒙

一些人往往将启蒙视为对文化知识的初步学习，这其实是一大误区，压缩了启蒙的范畴。

启蒙，其本质在于对 0～6 岁的孩子进行生活常识的灌输与教育。这里所说的常识涵盖了诸多方面，如周围环境常识、情感常识、沟通常识、基本规矩和习惯等。当然，其中也包括科学常识、琴棋书画常识等。

启蒙强调的是全面启蒙，项目应多元化，而不是过早地教授孩子语文、英语、数学等学科的知识。在孩子的启蒙阶段，家长应当以生活常识启蒙为主，文化知识启蒙为辅，切不可主次颠倒。

你若仔细观察便会发现，有些人虽然学历很高，但在交流沟通以及待人接物等方面却存在困难。原因可能是他们不懂生活常识，只专注于文化知识。这种人的问题根源或许就出在启蒙阶段，不排除他们的父母进行了大量的文化知识启蒙，却忽视了生活常识启蒙，以至于孩子长大后无法弥补。

启蒙就如同给手机、计算机安装操作系统，核心就是往孩子的大脑中安装操作系统，而真正的操作系统就是生活常识，而非知识点。在生活常识启蒙的过程中，孩子逐渐掌握常识，并且能够恰到好处地应对日常生活中遇到的事情，这才是启蒙的真正意义。一个优秀的孩子，首先应该能游刃有余地应对日常生活中遇到的每一件事。

家长在启蒙时，应避免狭隘地理解 "启蒙"，启蒙内容应尽可能全面、宽泛、多元。

2.4 怎么给孩子培养好习惯

2.4.1 把握两点

我认为，给孩子培养好习惯只要把握两点即可。

第一，家长要先清楚都有哪些好习惯，最好有培养好习惯的系统化课程。

第二，家长给孩子做示范，让孩子模仿。

培养好习惯最好有完整系统的课程，不能随心所欲，不能仅凭家长的想象，不能"东一榔头，西一棒子"，尤其是那些自己都没有好习惯的家长。很多家长小时候没有接受过系统的好习惯培养，于是，当自己给孩子培养好习惯时，就只能凭想象，这是一个很大的问题。

家长应尽可能找到系统化的课程，然后就可以非常轻松地跟着课程去给孩子做示范，这是最佳也最容易给孩子培养好习惯的途径之一。

另外，在孩子越小的时候培养好习惯越好。孩子越大，好习惯就越难培养。孩子大了，坏习惯已经养成了，而纠正坏习惯非常困难。

2.4.2　没有任何借口

　　给孩子培养好习惯，与家长的文化程度无关，文化程度低的家长也能给孩子培养好习惯，文化程度低的家长也可以亲自给孩子示范好的行为动作。在我们的生活中，常常会有一种误解，即文化程度低的人就一定没头脑，就一定没有好的行为习惯。其实，大错特错！文化程度低的人内心世界同样丰富多彩，他们良好的行为习惯同样值得孩子学习。

　　我的父母和爷爷奶奶文化程度都不高，可他们并不缺好的行为习惯。正是这几位可亲可敬的长辈，让我从小就养成了很多好的行为习惯。例如，吃饭时不能剩饭粒在碗里，这个小小的习惯，一直伴随着我。又例如，做任何事都要提前规划，这也是我从小养成的好习惯。

　　虽然奶奶没有进过学堂，但她家教很严，从小就养成了众多好的行为习惯。这些习惯她保持了一辈子，并传给了我，为我后来的学习深造和工作发展保驾护航的正是这些好习惯。

　　我自己的成长经历就充分说明了一点：文化程度低的家长也

可以通过身教，通过亲自给孩子做示范，让孩子学到自己身上的好习惯。

实际上，为孩子培养好习惯，任何人都能够出色地完成，不存在任何借口。

2.5 怎么给孩子立规矩

2.5.1 到底什么是规矩

关于规矩，其具体含义有三层：第一层是规矩；第二层是守规矩；第三层是立规矩。

先讲第一层含义，即规矩。我认为规矩涉及三个方面。

（1）在日常生活中，规矩就是良好的行为习惯。

（2）在特定场合或场所都有相应的规定和要求，比如课堂上、十字路口、剧场、图书馆、办公室、马路上、火车站、机场等，包括家里。

（3）做事的标准、规定，比如家里做事有相应规定，这就是规矩，家里每个人都得遵守；公司里的规章制度也是规矩，是所有员工做事的标准，如出差住宿标准；国家的法律本质上同样是规矩，是所有人做事的标准。

再说第二层含义，即守规矩。

（1）遵守特定场合或场所的规定和要求，比如在机场要遵守一系列规定，做不到就会被限制进入或取消相应资格。

（2）遵守做事的标准、规定，例如，家里的物品摆放有规定，公司的财务报销有规定，路上开车有规定等。

（3）日常生活中，有良好的行为习惯。这一项恰恰是守规矩的重点。（1）和（2），一般人都容易做到。（1）和（2）的内容相对较少，而日常生活中良好行为习惯方面的内容则非常丰富。

守规矩是良好的行为习惯，而非思维习惯。行为习惯是要表现出来的，是显性的，思维习惯不是都要表现出来的。

再说第三层含义，即立规矩。根据对第二层含义的分析，我觉得立规矩其实就是培养好习惯。想让孩子守规矩、想要给孩子立规矩，家长就要努力给孩子培养好习惯。同时，家长要教会孩子遵守特定场合或场所的规定和要求，以及做事的标准、规定。

2.5.2 家长应怎样给孩子立规矩

以"将物品整齐码放"这一规矩为例，这是日常生活中的习惯，并非针对某个人，家中每个人都应养成这样的好习惯。其可分解为以下行为。

- 下班回家后，家长脱鞋并随手将鞋子放于鞋架上。
- 家长将包、钥匙等随身物件放到指定处。
- 家长把脱下的外套挂在指定位置。

- 吃完饭后，家长主动收拾餐具。

- 家长整理自己的物品。

- 家长教孩子整理物品的小窍门。

- 家长为孩子示范整理物品的方法。

长此以往，孩子学会了整理物品的方法，养成了整齐码放物品的行为习惯。无论孩子走到哪里，自己的物品都能摆放整齐。

实际上，孩子整齐码放物品的习惯是由家长自身的行为带动和熏陶形成的，并不是家长反复说教出来的，更不是想象出来的。

2.6　教会孩子学习方法

　　儿子考上北京四中和清华大学；侄子侄女们考上了大学和研究生；我辅导过的很多孩子学习成绩不断提升，考上了理想的高中或者大学。在这些案例里，我对他们的帮助主要集中在学习方法层面，我主要利用学习方法帮助他们提高学习成绩。

　　辅导孩子学习，我的做法是"兵来将挡，水来土掩"。在孩子的学习过程中，只要他遇到了问题，家长就要从"工具箱式"学习方法中找到相应的学习方法来帮孩子解决问题。因此，核心是解决问题的方法，是让孩子学会使用方法来解决问题。

　　"工具箱式"学习方法中包含很多具体学习方法，比如：孩子在学习过程中需要记忆时，有行为器官记忆法；需要写字时，有握笔姿势和写字流程；需要做题时，有解题过程五步法则；需要提高效率时，有时间分配计划；需要预习时，有预习方法；需要提高听课效率时，有在家模拟课堂情境教孩子听课的方法；需要做课堂笔记时，有做笔记的方法；需要学好语文时，有语文学习流程；需要学好数学、物理、化学时，有数学、物理、化学的学习流程；需要应对考试时，有考试技巧；需要在阅读理解中获得高分时，有阅读理解三筛法；等等。这就是所谓的"工具箱式"学习方法。

孩子需要的是"工具箱式"学习方法，而不是"单一工具式"学习方法。学习方法与问题一一对应，孩子遇到问题就能找到相应的方法去解决。家长不要奢望 "单一工具式"学习方法就能解决孩子学习过程中遇到的所有问题。

为什么要单独强调学习方法的重要性？难道智商不重要吗？难道用功不重要吗？

孩子学习，主要有三个内在要素：一是智商，二是熟练掌握学习方法，三是用功。学校、老师、知识点、政策和试题难度等属于外在要素。外在要素不可控，家长只能想办法控制内在要素。内在要素中，智商是基础，熟练掌握学习方法和用功是两个抓手。智商、熟练掌握学习方法和用功，一体两翼，智商是体，熟练掌握学习方法和用功是两翼，三者缺一不可。

其实，大多数人是比较重视智商和用功的，倒是有相当部分的家长并不重视熟练掌握学习方法。家长们交流时经常提到的关键词有"聪明、脑子好使、不努力、不用功"等，提到学习方法的很少，这就充分说明了家长们普遍重视的方向。

其实，智商和用功，就算我不强调，家长也会重视。我之所以强调学习方法的重要性，并不是要否定智商、用功的重要性。我只是希望家长和学生，既要重视智商、用功，也要重视学习方法，两手都要抓，两手都要硬。

另外，我觉得智商有天生成分，后天虽然也可以改变和提高，但是，后天主要是想办法激活智商。激活智商是需要具体方法的，最终还是要归结到学习方法层面。我认为，让孩子变得更加努力，同样需要具体方法，最终同样还是要归结到学习方法层面。

为此，我建议家长，先教会孩子学习方法，再考虑孩子的积极性、内驱力、自觉性，最后考虑孩子的智商。家长普遍没有接受过养育孩子的专门训练，在这种情况下，尽可能先易后难。教孩子学习方法，相对比较容易操作。

家长应尽可能先找到适合孩子的学习方法，而不是让孩子仅仅靠智商和用功去学习。

其实，现实生活中，是工具干活，不是人干活，人仅仅是在操控工具。每个人的任务都是操控工具，而不是具体干活。会操控各种各样的工具，应该是人一生的追求之一。只要是经常干活的人，都应该明白这个道理。孩子的学习也是如此，学习方法就是工具，尽可能让学习方法为你和孩子干活，你和孩子就都会很轻松。

强调工具的重要性，这并不是对人的贬低，恰恰是对人的抬高。应该是人操控工具、人指挥工具，人应该是工具的主人。这里所说的工具，包括方法，这是"软"工具；也包括软件程序，这是运行运算工具；还包括实物工具，这是"硬"工具。

2.7　教会孩子表达自己

2.7.1　表达的内容和方式

表达，宛如一把神奇的钥匙，能够开启孩子与世界交流的神奇之门，助力他们更加自信地融入社会，尽情展现独特的自我。这里所说的表达可绝不局限于口才，涵盖了很多方面。

1. 积极表达内心想法

（1）表达内心深处的想法与真诚的诉求。表达内心深处的想法是人与外界联系的起始点。这是个人向外界打开一扇窗的过程，让外界能够了解自己的内心世界。例如，孩子表达想要成为宇航员的梦想，使得家人知晓其内心追求，从而给予他支持，如为他购买天文望远镜、带其参观天文馆等。这一表达开启了外界资源流入个人成长轨迹的通道。

真诚的诉求同样有助于加强人与外界的互动。通过恰当表达真实需求，外界能够清晰地知晓个人期望，进而做出回应。以孩子参加文艺表演选拔为例，真诚地表达想参与舞蹈表演的诉求，是与老师建立互动的关键，这种互动有可能使他获取更多诸如排练时间和专业指导等资源。

（2）勇敢地求助。孩子会遇到困境，勇敢地求助能让他人给予及时的援助。例如，在学习英语语法时，孩子总是弄不清复杂的时态变化，他勇敢地向英语老师求助；老师详细地给他讲解了语法规则，还提供了一些记忆小技巧。在同学之间发生矛盾时，孩子向好朋友求助，好朋友根据自己的经验给他提出了解决矛盾的方法，这帮助他克服了困难，同时也让帮助他的人感受到自己的建议是有价值的。

（3）分享建议与表达意见。在家庭、学校以及其他各种集体场景下，分享建议和表达意见都有着积极的意义。无论是分享建议还是表达意见，都是一种积极参与的方式，并且都能够对所处的环境或项目产生积极的影响。

分享建议与表达意见在日常生活、团队合作或集体活动中发挥着重要作用。例如，在植树活动中，孩子分享提高树苗成活率的建议，这有助于项目更好地推进。再例如，家庭购买扫地设备时孩子表达对扫地机器人的看法使决策更周全，班级布置讨论中孩子提出设置阅读角的意见改善了学习环境。这些都表明，无论是分享建议还是表达意见，都表明孩子在积极参与，都能够为团队、家庭或集体带来新的思路。

2. 表达不理解和困惑

（1）表达不理解。在学习过程中，当碰到晦涩难懂的知识时，孩子绝不能把自己心中的疑惑默默地抛在一边，而是要积极主动地表达自己的不解之处。这对获取知识有着极大的帮助。

在日常生活中也是如此，孩子遇到自己不理解的事情时，要勇敢地去提问，真正把事情弄明白，不留下任何死角，不靠无端的猜测来敷衍自己。只有积极搞清楚这些疑惑，才能避免误会。

（2）表达困惑。当孩子面临多种选择或者复杂的任务时，如果能表达出自己的困惑，则容易得到外界的一些指导。例如，孩子在选择参加校内活动小组，不知该选择参加文艺小组还是英语小组或者体育小组时，当他表达了自己的困惑后，家长可根据他的情况和想法给出建议，老师也可提供一些参考建议。这有助于孩子做出更适合自己的选择，同时也能让家长和老师更了解孩子内心的想法。

3. 人际关系中的表达

（1）表达情感。情感表达是打开心灵窗户的钥匙。在各种人际关系中，表达情感能加深彼此的联系并释放内心压力。例如，在亲子关系中，孩子在父母生日时写了一封充满感激之情的信，表达了对父母养育之恩的深深感谢，父母收到信后非常感动，亲子关系更加亲密；在朋友关系中，当朋友因为一些事情而难过时，孩子表达了自己的关心，朋友感受到温暖，孩子内心的担忧也通过表达得到了释放。

（2）表达友好。表达友好是人际关系的润滑剂。在新的社交环境中，表达友好能快速拉近与他人的距离。例如，新入学的孩子在第一天上学时，主动向同桌微笑并打招呼，还分享了自己的零食，同桌感受到他的友好，很快就和他成了好朋友，这为孩子在新环境中的学习和生活营造了和谐的氛围。

（3）表达友谊。表达友谊能巩固朋友关系。朋友之间，在特殊的时刻表达友谊能让关系更加牢固。例如，在朋友参加重要比赛前，孩子为朋友精心制作了加油卡片，还在比赛当天到现场为朋友加油助威。这种表达友谊的方式让朋友感受到了深深的支持，他们之间的友谊也因此更加深厚。

（4）表达同理心。同理心是设身处地理解他人感受的能力。在他人遇到困难或挫折时，表达同理心能给予安慰。例如，在同学考试失利后，孩子对该同学说："我知道你为这次考试付出了很多，没考好肯定很失望，不过一次考试并不代表什么，我们可以一起总结经验。"同学听后感到被理解，心情变好了，他们之间的关系也更加亲近。

（5）表达同情心。同情心体现善良本性。在看到他人处于困境时表达同情心并给予帮助能传递温暖。例如，看到路边有一位老人提着很重的东西时，孩子主动上前询问老人是否需要帮助，还帮老人把东西提到了目的地，老人对孩子表示感谢，孩子的善良举动也让周围的人感受到了温暖。

4. 合理表达不满和愤怒

（1）合理表达不满。在生活和学习中，孩子可能会有感到不满的时候，合理表达不满可解决问题、改善状况。例如，在学校图书馆，孩子发现很多书损坏严重且图书更新很慢，他向图书馆管理员合理表达不满，指出书籍损坏影响阅读体验，图书更新慢不能满足同学们的学习需求，并建议增加购书预算、加强书籍保护等，图书馆采纳了他的部分建议，对书籍进行了修复和更新，这改善了图书馆的服务状况。

（2）适当表达愤怒。愤怒应适当表达。在自身权益受到侵犯时，适当表达愤怒可以维护权益。例如，在小组合作中，一个孩子发现自己的创意被其他组员盗用并用于成果汇报，他冷静下来后，适当表达愤怒，严肃地向该组员指出这种行为是不道德的，要求他承认错误并在成果中注明创意来源；如果他愤怒过度，大吵大闹，可能会破坏小组关系，而适当表达既维护了自己的权益，也让问题得到了合理解决。

无论哪一种表达，无论表达什么，都需要我们用心去教孩子，可不能奢望孩子天生就会这些，更不能指望孩子自学成才。

如果家长自己都不怎么会表达怎么办呢？别着急，很简单。家长可以自学，跟着视频学，从视频中汲取表达的技巧；跟着电影电视学，感受角色们丰富的情感表达；跟着教程学，一步一步地积累，反复练习。等自己学会了，再去耐心地一点点教孩子。

谁都是这么一步一步走过来的。

2.7.2 一定要从小教会孩子表达爱

在现实生活中，不少父母都有类似的困惑：自己为孩子付出了那么多，可孩子为何不心存感激呢？父母究竟该怎么做，才能让孩子学会感恩呢？其实这不能怪孩子，归根结底还是因为父母没有教会孩子如何表达爱。表达爱的方式有多种。

1. 言语表达

（1）直接表达爱意。简单而真诚地说出"我爱你""我很在乎你"等话语。例如，每天早上对孩子说"宝贝，我爱你，希望你今天过得开心"，或者对伴侣说"亲爱的，你对我很重要，我爱你"。这种直接的表达能够让对方明确地感受到被爱。

（2）肯定和鼓励。给予对方积极的反馈和赞扬。对于孩子，可以说"你这次画得太棒了，颜色搭配得很有创意"；对于伴侣，可以说"你做的晚餐非常美味，辛苦你了"。通过肯定对方的努力、成就和优点，表达对他的欣赏和爱。

（3）分享内心感受。向对方敞开心扉，讲述自己的想法、感受和经历。比如和朋友说"今天我遇到了一件很开心的事，第一个就想告诉你，因为你是我很重要的朋友"，这种分享能够拉近彼此的距离，也是一种爱的表达。

2. 行动表达

（1）给予关注。全身心地陪伴对方。当孩子讲述学校里的事情时，停下手中的事情，认真倾听；和伴侣相处时，放下手机，专注于彼此的交流。这种专注的关注体现了尊重和爱。

（2）身体接触。身体接触能带来亲密和温暖的感觉。当人与人有身体接触时，比如拥抱、牵手或者拍打，会触发一系列的生理反应。

从心理学层面来说，身体接触是一种非常直接的情感交流方式。在人类的发展过程中，婴儿就通过与母亲或照顾者的身体接触获得安全感、满足感等。随着年龄的增长，这种对身体接触的情感需求依然存在。在亲密关系中，身体接触可以加深彼此之间的信任、爱意和依赖感，进而让双方都能体会到亲密和温暖。

（3）为对方做事。主动为对方分担烦恼、解决问题，或者满足对方需求。为孩子准备他喜欢吃的食物、帮助他解决作业中的难题；为伴侣分担家务，或者在对方工作压力大时为其准备一杯热茶。这些小小的举动都能表达爱。

（4）送礼物。礼物不需要很昂贵，关键是要展现出努力了解对方的良苦用心。可以根据孩子的喜好送一本有趣的漫画书，给伴侣送一束代表爱意的鲜花，或者给朋友送一份具有纪念意义的小饰品。礼物是一种物化的爱，能够让对方感受到被惦记和重视。

3. 时间表达

（1）共同度过时光。安排专门的时间和重要的人一起做喜欢的事情。例如，和家人一起看电影、做游戏；和朋友一起去旅行、踢球等。在共同度过的时光里，创造美好的回忆，这也是一种表达爱的方式。

（2）在重要时刻陪伴。在对方生日、毕业典礼、工作晋升等重要时刻，一定要陪在他身边。这种陪伴会让对方感受到自己是被珍视的，可以增强彼此之间的情感联系。

2.8　教会孩子人际交往

　　人，作为具有社会性的动物，生存于一个彼此紧密关联、休戚与共的世界里。社会大分工宛如一张硕大无比的网，把我们牢牢地联结起来，这就意味着任何人都无法脱离群体而独自生活与工作。我们必须像依赖生命中不可或缺的空气和水一样，依靠良好的人际关系来维持基本的生活与工作状态，这正是所谓的"人人为我，我为人人"。

　　当孩子能够与他人和睦相处、彼此协助、合作共赢，携手完成某些事情并实现自己的愿望时，他们就能轻松化解自身的难题与困境。在此过程中，孩子能够切实体会到自身的价值。

　　例如，在学校那充满活力的小组项目中，那些善于与同学交流合作的孩子，简直就像闪闪发光的小天使，他们往往能够充分发挥自身及队友各自的优势与特长，实现优势互补，共同完成单凭一己之力难以完成的艰巨任务。如此一来，既放大了各自的优势，又实现了在做事层面的重大飞跃，仿佛插上了梦想的翅膀。与此同时，个人的成绩与成就也能得到极大提升。在这个过程中，他们不仅能够从不同的伙伴那里汲取各类知识和技能，持续丰富、提升、壮大自我，还能收获极为宝贵的友谊以及成长经验。这些都将成为他们人生中珍贵的财富。

人际交往的首要步骤是学会以礼待人。一个深谙礼貌之道的孩子，往往更容易收获他人的喜爱与尊重。在人际交往当中，学习倾听他人是极为重要的。分享也是人际交往的重要方法。孩子往往对自身的物品怀有强烈的占有欲，然而，懂得分享的孩子却能够收获更为深厚的友谊。不妨从分享一块小小的零食、一本饶有趣味的书起步，引领孩子体悟分享所带来的愉悦。例如，在幼儿园中，小美向来热衷于把自己的玩具分享给小伙伴，渐渐地，她的身旁聚拢了众多好朋友，大家共同度过了无数欢乐的时光；班级里的小乐，他时常将自己心爱的画笔借给同学，同学也会在他需要帮忙时向他伸出援手，他们之间的友谊亦在分享之中持续深化。

鼓励孩子参加社交活动。家长可以带孩子参加社区活动、亲子聚会等，让孩子有机会结识不同的人，锻炼他与陌生人交流的能力。在这些活动中，孩子可以学会如何自我介绍、如何与不同性格的人相处。

此外，培养孩子的合作精神也十分关键。通过一起完成一项任务、参加团队活动等方式，孩子能够学会与他人协作。比如在学校组织的拔河比赛中，孩子们齐心协力，为了班级的荣誉共同努力，在这个过程中，他们学会了合作，也增进了彼此之间的友谊。

还有极为重要的一点，家长要弄明白什么是"统一战线"，并从小教导孩子建立广泛的统一战线。建立统一战线，并不一定要将敌人转化为朋友，其目标在于：不相互攻击，彼此保持相安无事的状态。不反对就等同于支持。不能奢望他人都支持自己，要随时提醒自己：我并不需要他支持我，只要他不反对我便足矣。本着这样的想法，人际关系不可能不和谐。

需要强调的是，人际交往的方法不能完全靠孩子自己去体悟。大人要有意识地教导孩子，这一方面能让孩子学得更快，另一方面也能避免孩子走弯路。比如家长可以在日常生活中通过言传身教，让孩子明白礼貌待人、分享、倾听等的重要性；也可以在孩子遇到人际交往问题时，及时地给予指导和建议，帮助孩子更好地处理人际关系；还可以跟孩子一起研究那些涉及人际交往的绘本、故事等。其实，家庭成员之间的相处，某种程度上也可以看作给孩子做的人际交往示范，比如跟公婆相处，跟岳父岳母相处，等等。

同时，家长还要教会孩子识别坏人。这是重点也是难点。家长可以通过讲故事、让孩子看动画片等方式，让孩子了解坏人的特征和行为，增强孩子的警惕性。例如，给孩子讲《小红帽》《白雪公主》《三只小猪》《狼和七只小羊》等故事，让孩子明白不能轻易相信陌生人。家长要教导孩子，当遇到不怀好意的人时，要保持冷静，尽快远离，并及时向家长、老师或其他可靠的人求助。

2.9　传授孩子基本的人生智慧

此处所提及的基本的人生智慧，主要是对所遇问题的认知以及相应的解决方法。

2.9.1　关于认知

从学术层面而言，认知可分为对自我的认知与对客观事物的认知。

一个人的自我认知涵盖对自身性格、能力、兴趣、价值观等诸多方面的认识。准确的自我认知有助于人们选定适合自己的职业路径、人际关系模式等；倘若一个人对自己的认知出现偏差，高估或低估自身能力，便可能在职业选择、人生规划等方面遭遇挫折。只有对自己有清晰的认知，才能在人生的道路上稳步前行。

对客观事物的认知是人们获取知识或运用知识的过程，即信息加工的过程。此过程包含感知、记忆、思维、想象等众多心理环节。例如，当我们看见一朵盛开的鲜花时，眼睛会将鲜花的颜色、形状等信息传递给大脑，大脑依据已有的知识体系对这些信息进行处理，进而识别出这是何种花，这便是一个简易的认知过程。

在我们的日常生活中，认知犹如一位隐形的向导，悄然影响着我们面对问题时的态度与决策，它决定了我们如何看待每一个问题。

当遇到问题时，有的人凭借直觉与本能迅速做出反应。直觉与本能就是一种认知。然而，直觉与本能并非总是可靠的。它可能受到情绪、经验的限制，有时会使我们误判形势，做出错误的决定。与之相对，逆向思维恰似一把独特的钥匙，能够开启那些被常规思维锁住的门。拥有逆向思维的人，在凭借直觉与本能做出认知判断时，同时也会把对立的认知判断呈现出来，这种思维方式常常能带来意想不到的解决方案。逆向思维让我们有勇气去挑战常规，看到问题的不同面。

以事实为依据看待问题，是一种理性且严谨的认知方式。事实是客观存在的，不会因个人的情感和偏见而发生改变。依据事实，我们能够更加精准地分析问题的本质，找到切实可行的解决办法。然而，仅仅注重事实也可能让我们变得过于冷酷和机械，忽略道德。

道德，是我们心中的一把标尺。面对问题时，道德会影响我们的判断和行动。注重道德的人，会以善良、公正、诚实等品质来衡量自己的行为。他们在解决问题的同时，也会考虑到对他人和社会的影响。但如果只注重道德，而忽视实际情况，也可能陷入理想主义的困境，难以找到有效的解决方案。

空想与闭门造车，往往都是危险的。沉浸在想象世界中，脱离实际情况去思考问题，只会让我们的想法变得不切实际；闭门造车则会使我们局限于自己的小天地里，无法接触到新的观点和信息。这样的认知方式，注定难以产生有价值的成果。

相比之下，调查研究、群策群力、集思广益无疑是更为明智的选择。通过调查研究，我们可以深入了解问题的全貌，掌握第一手资料。群策群力和集思广益则能让我们汇聚众人的智慧，从不同的角度去思考问题，碰撞出创新的火花。正如《论语》中所言："三人行，必有我师焉。"这样的认知方式，不仅能够提高我们解决问题的能力，还能增强团队的凝聚力和合作精神。

不同的认知会促使人们做出不同的决策，这些决策就如同棋子一般，在命运的棋盘上落下，最终改变我们的人生轨迹。在日常生活中，我们应当学会综合运用不同的认知方式，既要拥有直觉与本能，又要有逆向思维；既要看重事实，又要坚守道德；既不能空想、闭门造车，又要积极开展调查研究、群策群力、集思广益。只有如此，我们才能以更加全面、准确的视角看待问题，做出明智的决策。

2.9.2　关于解决问题的方法

我们在日常生活中，总会遇到各种各样的问题，而拥有基本的人生智慧，就能在不同情况下找到应对策略。

当与他人出现冲突时，我们不能任由矛盾激化。我们要懂得运用沟通技巧，真诚地把心里的想法说出来，让对方了解自己的感受和需求。有时候，适当的妥协也不失为一种好办法，各退一步，海阔天空。另外，站在对方的角度看问题，也许就能理解对方的立场，从而化解矛盾。

在应对学习或工作中的难题时，我们可以利用已有的知识，通过仔细分析问题，找出关键所在，然后寻找解决方法。一步一步地攻克难题，那种成就感简直无与伦比。

生活中的突发状况常常让人措手不及，但我们可以从过往经验中汲取智慧，想想以前遇到类似情况时是怎么处理的；或者向有经验的人请教，说不定就能找到合适的应对方法。

生活就是一场充满挑战的旅程，而基本的人生智慧就是我们的指南针，引领我们找到正确的道路。

2.9.3　基本的人生智慧举例

例如，教会孩子：说话需分场合、知分寸。有些话适宜在公开场合说，有些则不宜。自媒体平台上、公交车上、酒桌上等皆为公开场合。即便是在不太和谐的家庭环境中，也有特定的话语不可说。有些话只能深埋心底。

例如，教会孩子：切勿轻敌，不可蔑视或瞧不起任何人。轻敌实则是一种自以为是。例如，下棋就专注于下棋，不要去关注对手的性别、年龄；你所进行的是下棋这一活动，并不涉及对手是谁。

例如，教会孩子：不必畏惧犯错，且要学会"将错就错"。在孩子的成长过程中，我们往往期望他能够避免犯错。然而，事实上，犯错是成长的必经环节。更为重要的是，我们应从孩子小时候就培养他"将错就错"的能力。职场之上，这种能力更不可或缺。当孩子意识到自己做错事情时，常见的反应或许是后悔与埋怨自己，但这些情绪无法改变事实。我们应当鼓励并教会他"将错就错"，学会借力打力、见招拆招。这意味着以当前的情况为基础，顺势而为，引导事情朝着积极的方向发展，同时将损失降至最低。事情一旦做错，自然无法获得满分 100 分。但稍加挽救，即便得 80 分、60 分，甚至 40 分也胜过 0 分，更优于负分。若"将错就错"做得好，或许还能因祸得福。

例如，教会孩子：掌握思考的步骤。思考绝非空想与主观臆断。主观臆断仅有一步，而思考分为四步。主观臆断是自己想出某种思路后便认定自己是正确的。思考则不同：第一步，自己想出某种思路；第二步，进行调查研究，判断自己的思路是否正确；第三步，听取他人意见，避免自身的局限性；第四步，形成具有可操作性的实施方案。

例如，教会孩子：不管说什么话，不管与谁交流，也不管做什么事，都尽可能地斟酌一下这样去说、去做，对方是否会认为不平等，对方是否会觉得被歧视、被冒犯，对方是否会认为自己在他面前表现出了优越感，对方是否会觉得自己不关心他、怜悯他、小瞧他。

诸如此类的例子不胜枚举。例如，教会孩子：遇事先判断有可能合作的对方是否有经验；从别人那里接受任务时，一定要尽可能一次性问清楚任务的细节；尽可能说事实，而非进行道德评价。

孩子尚小之时，或许并不会遇到所有我们教过他的这些事情。然而，这些能在他的脑海中埋下智慧的种子，当他长大后面临此类事情时，那些曾经学过的内容就会帮助他迅速形成完整且良好的解决方案。

第3章

怎样搞好亲子关系

ZENYANG GAOHAO QINZI GUANXI

3.1 搞好亲子关系需要方法

亲子关系是父母与子女间珍贵的联系，不仅是血缘纽带，更是心灵沟通之桥、信任基石和相互扶持的力量源泉。良好的亲子关系应是和谐共处、相互陪伴、很少有矛盾冲突、彼此满意、能合作做事。

亲子关系出现问题，孩子与家长间就会有难以跨越的壁垒，孩子就不会积极主动配合家长，家长的想法和方法就难以贯彻落实。亲子关系需要家长用心经营、苦心经营。只有亲子关系健康牢固，家长的教育才能滋润孩子心灵，孩子才会积极配合家长。

我长期从事发动机产品研制工作，工作过程中养成了一个习惯：遇事找方法，靠方法解决问题。我觉得，构建良好亲子关系同样需要行之有效的方法，唯有借助有效的方法，才能够在亲子之间构建起理解、信任和爱的桥梁，促使亲子关系向着健康、积极的方向发展。本节将给大家分享一个建立良好亲子关系的实用方法：向老人学。

我发现，孩子普遍和爷爷奶奶、姥姥姥爷的关系较为融洽。为何老人与孩子的关系这般好呢？我对一些老人带孩子的家庭做过调查，再加上我自己就是被姥姥姥爷带大的，现将老人带孩子的特点总结归纳如下：

（1）隔代亲；（2）老人倾力付出，不求回报；（3）孩子的吃、喝、拉、撒、睡、玩，老人全部满足；（4）老人懂得孩子的感受；（5）老人能理解和满足孩子的渴望与需求；（6）老人没那么多规划，顺其自然；（7）老人一般不会数落孩子，更不会打骂孩子，生气的情况也较少；（8）孩子在老人这里能得到认可；（9）在老人面前，即便犯了错误，孩子也不需要"过五关斩六将"，或者很容易就能"过关"，心里不恐惧，害怕也少。

总之，孩子和老人在一起时，通常来说，吃喝惬意，没那么多约束，没那么多关卡，心里舒坦。哪个人会不喜欢这样的生活呢？

或许有人会说：老人溺爱孩子，不给孩子培养好习惯、立规矩，这样不好。确实存在这样的情况，但不能只看到这一点，而应全面看待。老人与孩子的关系普遍良好，这一点值得年轻父母学习。另外，如果年轻的父母能在给孩子培养好习惯方面多帮助老人，那么，老人溺爱孩子的情况也会有所改善。人与人在一起，尤其是面对同一个目标时，尽可能不要仅评价、挑错，而是要想尽一切办法帮忙，取长补短。

在向家中老人学习亲子关系处理方法的过程中，年轻的父母将会有许多意想不到的收获。要知道，老人在带孩子方面有着丰富的经验，他们历经岁月，积累了不少独到的见解和实用的方法。当我们虚心地向老人请教时，就如同打开了一扇通往家庭和谐幸福的大门。

在向老人学习的过程中，年轻父母与老人之间的沟通交流自然而然地就会增多。这种交流不局限于亲子关系，还会涉及生活的其他方面。随着交流的深入，我们与老人之间关系的和睦程度也会不断提高。

3.2 跟孩子友好相处

我认为，家长要想和孩子友好相处，需要做到以下几点。

1. 只考虑付出，不考虑回报

家长对孩子应只有一个想法：无条件付出。不要想着收获，更不要想着索取，只要付出了，一定会有收获。

2. 接纳孩子

家长要接纳孩子的一切。无论孩子的表现是你理想中的，还是你不想要的，都要无条件接纳。既要接纳孩子的优点，也要接纳孩子的缺点。不仅是嘴上接纳，关键是要内心接纳。

3. 包容孩子

家长要包容孩子的一切，尤其是包容孩子的缺点。不仅是嘴上包容孩子，关键是要内心包容孩子。对于孩子的言行，不管是好的还是不好的，除了个别出格的，其他的言行都尽可能认为是正常的，也是被允许的。

4. 尊重孩子

家长要尊重孩子的感受、愿望、想法；尊重孩子的情感、兴趣爱好、选择；尊重孩子的隐私；尊重孩子的优缺点、性格和能力；尊重和重视孩子的朋友。家长跟孩子之间，要体现出平等，即人格上的平等。家长要尊重孩子，不要把他当作不懂事的小孩子对待，不要把他当作下属对待，更不要把他当作私人物品对待。

家长要永远耐心地听孩子说话，每次都让孩子把话说完。倾听时，不插话，不打断，不马上发表意见，不马上评论，不马上给出建议，更不马上得出结论。

家长也可以向孩子倾诉，把自己的喜事跟孩子分享，把自己的困难说给孩子听。

遇事征求孩子的意见或看法，或者跟孩子一起做一些事，或者让孩子参与自己正在做的一些事。

5. 换位思考

家长应将心比心、设身处地站在孩子的角度思考。无论孩子说什么、做什么，即便自己不知道具体理由，也要全力理解，要相信孩子这么做一定有其理由或原因，要做到不去质疑、不去琢磨，更不要横加干涉。

6. 肯定孩子

父母是孩子最亲的人，要给予孩子肯定，而非指责。否则，孩子会产生沉重的心理负担：连最亲近的人都这样对自己，还能奢望谁呢？孩子也会从心理或精神上惧怕或埋怨父母，这对他们的成长是极为不利的，也不利于父母与其相处。

孩子取得成绩时，家长应发自肺腑地夸赞和分享，无论是语言、表情还是动作，都应是真诚的，不能有半点儿忽悠，也不必过分夸张。孩子犯错误时，家长应对事不对人，实事求是地指出错误，无论是语言、表情还是动作，都应是真诚的，不能有半点儿贬损、挖苦、打击、取笑。孩子遇到困难、困惑时，家长应给予真诚的安慰、理解、帮助。跟孩子相处时，尽可能动之以情，进入孩子的内心世界。

7. 了解孩子

家长要多了解孩子，知道孩子在想什么，知道孩子的需求是什么，正所谓对症下药、量体裁衣。不去充分了解孩子，而一味按照自己的节奏或想法养育孩子，势必南辕北辙。

现在孩子的自主性逐渐增强，家长一味强迫而不是顺应他们的脾性，只会导致他们产生逆反心理，把彼此之间的关系弄僵。

8. 在乎孩子

父母应真正在乎孩子、关心孩子，不能只盯着学习成绩，要关心孩子的心情，关心孩子的内心感受。真正爱孩子的父母，不在乎孩子飞得高不高，而在乎他飞得累不累。

支持而不是打击孩子的梦想。当你的儿子表达将来想要成为像飞人乔丹一样厉害的人物时，不要嘲笑他："就你这身高，根本不可能！乔丹的身高可有 1.98 米，你才多高？"如果你的女儿向你郑重其事地述说她的梦想："我想成为歌唱家！"你不要打击她："你一点儿文艺细胞都没有，算了吧！"

孩子需要帮忙时，全力以赴；孩子有了成绩，真诚地表扬、鼓励；孩子有了缺点，对症下药地给出建议，让孩子心服口服地接受批评或惩罚。

9. 根据孩子实际情况设定期望值

期望值问题需要家长格外重视。家长应根据孩子和家庭的条件，恰如其分地设定期望值。期望值既体现在学习成绩上，也体现在养育层面上。期望值不能太高。

10. 不攀比

家长切忌拿自家孩子跟别人家孩子进行比较，更不要拿别人家孩子的一些你自以为成功的例子来教育孩子，这对孩子来说是一种伤害。

11. 营造良好的家庭氛围

家长要营造轻松、和谐、宽容的家庭氛围，要控制情绪、态度随和、耐心细致、体贴入微。家长要让孩子在自己面前心安，而不是焦虑、恐惧。生活在一个充满笑声的家庭中，孩子的心情会是甜蜜的；生活在一个充满幸福的家庭中，孩子在学习中会充满动力；在快乐中长大的孩子，他的生命会是阳光普照的。

12. 多陪伴

家长应多陪伴孩子。例如，接送孩子、陪孩子玩游戏、陪孩子看演出、陪孩子去旅游、陪孩子参观展览、陪孩子下棋、陪孩子运动。如果孩子需要，也可以陪他读书、写作业。当然，家长做自己的事情时，也可以让孩子陪伴自己。经常陪孩子玩的家长，会重拾童年的快乐；经常和家长一块儿玩的孩子，不会封闭，不会自卑，由于受到家长更多的影响，会显得成熟而懂事。

13. 和孩子交流时，要把握语言的尺度

家长在跟孩子相处时，用得最多的是语言，把握语言尺度非常重要。语言要尽可能平和；语气要尽可能是商量式的；唠叨应尽可能杜绝。如果自己感觉把握不好语言尺度，尽可能什么也不要说。

读到这里，我猜想或许有家长早已按捺不住，急于反驳我："你这样做，完全是在纵容孩子。"也有家长可能会说："孩子的养育，该严格的时候必须严格，该严厉的时候一定要严厉，不然孩子不可能听家长的话。"

对于上述的这些想法、看法和观点，我完全能够理解，在与家长交流的过程中，也有家长质疑过我。我非常明确地告诉大家：我确实就是这么做的，而且孩子并没有出现问题。你可能会想：为什么我看起来似乎是大撒把，貌似在溺爱孩子，可孩子却

依然愿意听我的呢？那是因为，我们家从小就给孩子做好了生活常识启蒙，给孩子培养了好习惯，教会了孩子学习方法。在家庭教育的实践过程中，实际上是好习惯和规矩在管着孩子，根本不是家长在管着孩子。我在养育孩子的过程中实行的是"法治"，而非"人治"。有好习惯和规矩在管着孩子，还用得着家长操心吗？

大家都在说，人需要有格局，其实，养育孩子也需要家长有格局：给孩子培养好习惯，然后放手。

3.3　最好的陪伴

3.3.1　什么是高质量陪伴

陪伴，绝不是让家长仅仅坐在孩子旁边，而是要有"精神和物质产出式付出"，付出要看得见、摸得着，让孩子感觉得到。例如，为孩子烹制一桌美味可口的饭菜，这便是所谓的家的味道。

那么，家长该如何给孩子提供高质量陪伴呢？这里有一些建议。

1. 寓教于乐，寓陪伴于乐

要让孩子感受到和你在一起趣味十足，而不是索然无味。简单来讲，就是你得懂得陪伴孩子玩耍，能够与孩子一起嬉戏，而且要有许多玩耍的花样和项目，让孩子感觉你仿佛有一个神奇的口袋，总是可以变出各种各样好玩的游戏，让孩子的世界充满欢声笑语。孩子在玩耍的过程中、在愉悦欢乐的氛围中，度过了时光，也掌握了知识、技能和方法，从而增强了自信，亲子关系自然也就越来越好。

基于此，家长应尽可能学会并且熟练掌握 30 ~ 50 种陪孩子玩耍的方法。以下是一些具体方法。

室内游戏包括搭积木、拼图、手工折纸、猜谜语、成语接龙、故事接龙、翻花绳、吹泡泡、玩扑克、下棋等。此外，家长还可以尝试如下几种游戏。

（1）角色扮演。设定一个场景，如医院。家长和孩子分别扮演医生和病人。家长可以先扮演医生的角色，拿起玩具听诊器，轻轻地放在孩子（病人）的胸口，询问病情，如"小朋友，你哪里不舒服呀？"孩子可以模仿病人的症状回答。这种游戏可以让孩子了解不同的社会角色和人际关系，同时也能锻炼他的语言表达能力。

（2）室内寻宝。家长可以事先在房间里藏一些小物品（宝物），如彩色的珠子或者小贴纸，然后给孩子一些提示，比如"这个东西在你经常看书的地方的附近"。孩子根据提示去寻找宝物，这不仅能增强趣味性，还能培养孩子的专注力和解决问题的能力。

（3）绘画接龙。家长先画一个简单的形状，如一个圆形；然后孩子根据这个圆形进行创作，添加线条或者其他形状，把它变成一个新的东西，比如把圆形变成太阳的形状；接着孩子再画一个形状，然后轮到家长创作。这样循环进行，可以培养孩子的想象力和绘画能力。

（4）影子游戏。在室内有灯光的地方，家长和孩子可以用手做出各种形状的影子，如兔子、小狗等的形状。例如，家长先示范如何用手做出兔子的形状，然后让孩子模仿并创造自己的影子动物。这个游戏能让孩子对形状和光线有一定的认识。

（5）室内保龄球。用空的塑料瓶当作保龄球瓶，然后用一个小球当作保龄球。家长先示范如何将球滚出去击倒瓶子，然后让孩子尝试。可以通过调整瓶子的数量和距离来增加或降低难度。这个游戏有助于提高孩子的手眼协调能力。

（6）记忆游戏。家长在桌子上摆放一些小物品，如 5 ~ 8 个不同的小玩具或者文具，让孩子观察 1 分钟，然后闭上眼睛；家长拿走一个物品，孩子睁开眼睛后说出少了什么。这个游戏可以锻炼孩子的记忆力。

（7）数字游戏。例如玩猜数字的游戏，家长心中想一个 1 ~ 10 的数字，然后让孩子猜；孩子说出一个数字后，家长根据这个数字告诉孩子是大了还是小了，直到孩子猜出正确答案。这个游戏能帮助孩子熟悉数字概念。

（8）模仿秀。家长可以模仿一些动物或者人物的动作、声音，如模仿小猫走路、小狗的叫声等，然后让孩子模仿，这有助于孩子观察能力和表演能力的发展。

（9）扔球入桶。在房间里放一个小桶，家长和孩子站在一定距离外，尝试将小球扔进桶里。可以通过调整距离和桶的大小来增加或降低难度。这个游戏能提高孩子的投掷能力和手眼协调能力。

室外游戏包括公园寻宝、放风筝、踢毽子、游泳、跳绳、户外写生、摄影、钓鱼、掷飞盘、骑自行车、跳房子、爬山、滑雪、滑冰、玩泥巴、草地滚球、堆雪人、户外瑜伽、接力赛跑、在沙滩上建造沙堡、植物拓印等。

2. 共读

家长与孩子一起阅读，并且进行讨论。在这个过程中，家长不应摆出一副高高在上的姿态，不要一味说教、提要求或下命令，而要如同亲密的伙伴一般，与孩子一同沉浸于书中的世界，共同探寻知识的宝藏，分享彼此的感悟与思考。

3. 陪练

不管是陪孩子玩耍、陪孩子外出用餐，还是陪孩子阅读等，家长务必要清楚一点：自己所扮演的角色就是"陪练"，目的就是让孩子开心。例如，在陪孩子下棋的时候，没必要刻意让孩子去经历输棋带来的挫折，家长的任务主要是教孩子下棋、陪伴孩子下棋，传授孩子下棋的策略与智慧。即便想要让孩子体验一下输棋的感觉，频率也不宜过高。

个别家长可能会认为我上面所列的玩耍项目都是一些小儿科的东西。没错，这些确实是小儿科。但在现实生活中，在陪伴孩子的过程中，恰恰就需要这些小儿科，而且这些看似简单的项目实际上对养育孩子非常有用。陪伴孩子，不是要让大人高兴，而是要让孩子感觉快乐。

上述这些并没有什么难度，跟家长的文化程度和能力无关，几乎每个家长都能做到，只在于家长愿不愿意去做。

3.3.2　孩子做事过程中的陪伴

前面讲的几乎都是"玩儿"。孩子做事也需要家长的陪伴。

家长要求孩子做的每一件事，例如，让孩子看一本书、做题、练习学习方法、制订计划等，尽量不要一开始就要求孩子独自去做。家长应尽可能遵循"先培训后上岗"的原则，先把孩子扶上马，再送一程，而后再放手。家长先给孩子示范操作方法，再陪伴孩子练习一段时间，接着再放手让孩子独自去做，当孩子遭遇困难时，家长再给予协助。

以阅读为例，家长若让孩子单独去看一本书，他或许很快就会丧失兴趣，或难以理解书中的深刻含义。倘若家长陪着孩子阅读，一同探讨书中的情节、人物，引导孩子去分析和思考，那么孩子不但会更加愿意投入其中，也能够从阅读中获取更多的知识与感悟。

我儿子小时候，几乎每一本书都是我们和他一起阅读、一起交流探讨的。那些美好的回忆，永远留在我们心间。当然，等他稍大一些后，我们就没办法完全做到陪他阅读了，因为他阅读的速度太快，我们跟不上他。

再比如在做题方面，当孩子碰到难题时，如果让孩子独自应对，他可能会产生挫败感，甚至产生抵触情绪。如果家长陪着他，在解题过程中给予适时的指导与鼓励，孩子将会更有信心去攻克难题。

"工具箱式"学习方法对孩子而言极为关键，但孩子往往不清楚该从何处着手。家长自己先学会学习方法，再教会孩子学习方法，让孩子用掌握的学习方法自学，家长适当帮忙，这样家长和孩子都轻松。孩子通过做好预习、制订在家学习计划、课后钻研教材、整理课堂笔记、写随笔等，会逐渐喜欢上学习并找到适合自己的学习方法。

孩子或许一开始并不明确该如何制订计划和写随笔，更不晓得怎样有条理地表达自己的想法和目标，若家长陪着孩子，给予他一些思路和建议，或者直接示范，便能让孩子先迈出步伐，再逐步提升，循序渐进，渐至佳境。

就像孩子学骑自行车，家长要是一开始就放手让孩子自己去练习，也许孩子会多次摔倒，甚至受伤，从而对骑自行车产生恐惧心理。倘若家长在旁边扶着，给予帮助与保护，孩子会更有安全感，也能够更快速地学会这项技能。

　　上述种种陪伴，不仅能让孩子在做事时更加顺利，还能在亲子之间建立起深厚的情感纽带，让孩子在成长的道路上感受到无尽的爱与关怀。

3.4 吸引力法则

我曾经在一本书里了解到了吸引力法则。在我眼中，这一法则恰似宇宙中一种潜在的能量循环，它传递着这样一种观念：我们的思想、情感以及信念犹如磁石一般，会把与之相匹配的人和事物吸引到我们的生活中来。我们向外散发的积极或者消极的能量，都会在无形中吸引相同属性的人和事物，仿佛我们周围的所有人和事物，都被一种神秘力量牵引着。虽然不能确定毫无例外，但大体上确实如此。

从亲子关系的范畴来理解吸引力法则是非常有趣且意义非凡的。孩子能够敏锐地察觉到我们所散发的积极能量，从而被吸引，这使得他更愿意亲近我们，与我们构建起深厚的情感纽带。

既然如此，在与孩子相处的时候，我们就需要千方百计地去吸引孩子，而那些奇妙的方法就隐藏在吃、喝、拉、撒、睡、玩这些看似平常却极为关键的具体细节之中。这些日常生活的细节实际上蕴含着巨大的能量，是我们向孩子传递爱与关怀的重要渠道。例如，用心为孩子烹制美味的菜肴，在这个过程中传递的不仅是食物本身，更是我们对孩子的爱与关怀，这种积极的情感就像是一种无形的吸引力，能让孩子感受到家庭的温暖与安全感。

然而，有些人却对这些不以为然，完全没有意识到自己就这样轻易地丢弃了一个个极为珍贵的方法。他们忽视了这些看似琐碎的生活细节，或许就无法在亲子之间建立起情感纽带，孩子可能就会因此与父母逐渐疏远。

所以，我们应当重视吸引力法则在亲子关系中的运用，从生活的每一个细节入手，营造吸引力，积极地吸引孩子，构建更加亲密和谐的亲子关系。人际关系的本质是吸引，真正长久的人际关系是长久的相互吸引，而不是剃头挑子一头热。

家长应尽可能多地学会吸引孩子的项目，开展更多吸引孩子的活动，比如制作各种各样美味可口的食物。我之前讲述的"熬粥"的故事，就是一个生动的例子。在为孩子烹饪美食这件事上，如果能够全身心投入，不断创新，持续推出让孩子喜爱的菜品，那么对孩子的吸引力自然是不言而喻的。因此，家长只要做得一手好饭，构建良好的亲子关系就已经成功了一大半。孩子关注的事情，首先是吃喝，其次是玩耍。那诱人的美食，那丰富多彩的活动，就像一个个强大的磁场，为家长增添了巨大的吸引力，从而使家长更容易构建良好的亲子关系。

吸引孩子，绝不等同于"贿赂和诱惑"孩子。吸引，是一种光明正大的策略，具有持续性；而"贿赂和诱惑"，如昙花一现，难以持久。毕竟，谁又能一辈子"贿赂和诱惑"孩子呢？

究竟什么对孩子具有吸引力？

我曾就读于省重点高中，本科和研究生就读的都是 985 高校，然而这些对孩子而言，却可能是毫无吸引力的；我的职业、专业、业务能力、职务以及年收入，这些同样不太可能对孩子有吸引力；就连我的人际关系也不太可能对孩子产生吸引力……你认为有吸引力的东西，孩子未必感兴趣。或许有人就会问：究竟什么对孩子具有吸引力？

当孩子满怀好奇想学做干炸里脊时，我陪着孩子一次又一次地尝试，我们在厨房里一起探索美食的奥秘，一直到获得成功，这对孩子的吸引力可不小；和孩子一同沉浸在评书的世界里，一起深入研究评书里的人物以及事件，当意见不一致时就展开激烈的讨论，这种智慧的碰撞对孩子也是很有吸引力的；和他一起去探究如何提高答题的准确率，发现了草稿纸的重要价值，极大地提高了答题的准确率，这对孩子也是非常有吸引力的。

请各位家长务必注意：你自认为对孩子有吸引力的事物，孩子很有可能完全不感兴趣。孩子的思维就像一个魔法世界，和大人的思维是不一样的。在这方面，大人只能去适应孩子，而不能要求孩子服从大人。只有孩子自己真正感兴趣的东西才会对他有吸引力，而这方面，并不是家长空想出来的，而是在陪伴孩子的过程中发现、感悟出来的。

以下是一些对孩子有吸引力的事物或项目，供大家参考。

- 美味的自制小蛋糕，散发着诱人的香气。

- 色彩斑斓的拼图，充满挑战与乐趣。

- 一起搭建乐高积木，创造无限可能。

- 阅读生动有趣的儿童绘本，开启奇幻之旅。

- 去动物园看可爱的动物，感受动物的奇妙。

- 去游乐场玩过山车和旋转木马。

- 一起玩捉迷藏，充满惊喜与欢笑。

- 手工制作彩色纸灯笼，发挥想象力。

- 观看精彩的儿童魔术表演。

- 参加户外亲子露营，亲近大自然。

- 养一只可爱的宠物，如兔子。

- 去海洋馆探索神秘的海洋生物。

- 玩有趣的影子游戏。

- 参加亲子运动会，挥洒汗水。

- 玩吹泡泡游戏，追逐五彩泡泡。

- 去果园采摘新鲜的水果。

- 一起种植植物，观察生长过程。

- 观看有趣的动画片，并讨论剧情。

- 玩沙坑游戏，建造城堡。

以下是一些孩子可能不感兴趣的事物或项目，供大家参考。

- 冗长无聊的说教。

- 成人化的古典交响乐演奏会（没有互动和讲解）。

- 成人化的诗歌朗诵会（没有生动演绎）。

- 整理一柜子旧书。

- 反复背诵枯燥的乘法口诀表。

- 长时间静坐听枯燥的天气预报。

- 观看黑白风景纪录片。

- 听大人唠叨家庭开支计划。

- 连续抄写100遍。

- 整理一大箱杂乱的螺丝钉等小零件。

- 听关于如何种植蔬菜但没有实际操作的讲座。

- 听大人讲述自己小时候无聊的上学经历。

- 反复整理自己的旧文具，不允许玩。

- 听关于如何节约水电的长篇大论。

- 看没有动物的自然地理纪录片。

- 反复整理衣柜里的旧袜子。

家长务必要深切认识到增强吸引力的重要意义，并且要尽可能多地将这种认识转化为实际行动，切不可在不经意间制造排斥力。家长要尽可能凭借自身的吸引力，吸引孩子主动去做事，而非依靠强迫、命令等手段迫使孩子做事。

3.5 如何表扬孩子

大多数家长都知道要多表扬孩子，可实际操作时怎么把握度呢？表扬多了怕孩子骄傲自满，不表扬又觉得不合适，这该怎么办呢？这真的让家长满心焦虑，不知该如何是好。

家长多表扬孩子肯定没错，任何人被表扬了都会很开心，这是人性。但很多人通常只强调"多表扬"，却几乎没详细说明"实施细则"和"具体操作步骤"，导致不好把控实际操作。这就像给了我们一个工具，却没给我们工具的使用说明书。几乎每一次说教都是如此，只有道理，没有"实施细则"和"具体操作步骤"，所以，说教没有丝毫用处，家长必须坚决摒弃。

一般来说，表扬孩子主要针对两点：一是孩子的人格，二是孩子做的事。但我觉得应表扬孩子做的事而非人格。

例如，孩子刷碗且刷得干净，家长要表扬，就应该说："小宝，碗是你刷的呀，刷得真干净。"这样的表扬基于具体事实，是对刷碗这件事和干净这个事实的表扬，有实在内容，清晰明了，让孩子感受到自己的努力被看到、被认可。

　　反之，如果说："小宝，碗是你刷的呀，你真是个好孩子，以后继续努力。"这就变成了对人格的表扬，没实质内容，虽表扬了孩子，但话中空洞无物，孩子很难清晰知道为何被表扬。

　　家长表扬事实不用担心孩子骄傲，因为表扬事实是把孩子引导进事实和细节里，他会在意具体事实和细节，下次会在"刷得干净"这方面更努力；表扬人格，若语气、尺度把握不好，容易变成"忽悠"孩子，多数孩子会因经不住"忽悠"而骄傲。但这不是孩子的问题，是大人表扬方法不当造成的。就像我们不小心给孩子指错了路，让他迷失了方向。

　　而且，刷碗就是好孩子，那不刷碗就不是好孩子了？为获得"好孩子"表扬，那他以后有可能天天寻找刷碗机会表现自己，其他啥都不愿干。举一个不太恰当的例子，这就像马戏团训练猴子，猴子钻个圈，给一个糖豆吃，为了能吃到糖豆，猴子不停地钻圈。有的孩子特爱表现，长大后也是如此，可能就和家长这种表扬方式有关。表扬不当也有可能让好孩子走偏。我们不能因自己的错误方法而耽误了孩子的成长。

　　此外，若家长再说一句"今后继续努力"，表扬就变成了居高临下的"鞭策"，效果也会打折扣。这不是孩子心理脆弱，是家长方法不当。这就像我们本想给孩子一个温暖的拥抱，却不小心变成了推他一把。

因此，家长应尽量区分 "人格" 和 "所做之事"。所谓人格，就是直接指向人本身的各种要素或特质，如勤奋、懒惰、努力、积极、不积极、听话、不听话、逆反、自信、主动、认真、用功等。家长要尽量表扬孩子做的事。

家长批评孩子也一样，要就事论事，不针对人格，不针对人。家长批评的应是孩子做某件事的方法不当，而不是批评人。

尽可能对事不对人。例如，在日常交流中，你可能不赞成某个人对某件事的看法，或在技术、方法层面有不同思路，但不意味着你是在为难和反对这个人，这就是对事不对人。就像我们在和孩子探讨问题的过程中，会有不同的观点，但这并不影响我们对孩子的爱，即对事不对人。

可能有人说这太难了，人格和所做之事能严格区分吗？确实难区分，但再难也要努力朝这个方向靠拢。如果不能把孩子的人格和所做之事区分开来，家长很可能长时间也学不会怎么表扬孩子。其实区分人格和所做之事仅仅是一开始有点难，慢慢就熟练了，就像孩子学走路一样，一开始摇摇晃晃，但慢慢地就走得稳稳当当了。

表扬孩子不能只停留在情绪表达或单纯评价上，而要着眼于具体事实呈现。以下是我对表扬方式的点评。

（1）"你真棒。"

点评：过于空洞宽泛。表扬孩子不应只是情绪抒发，而应是对具体事实的阐释。家长可以先这么说，但不能仅止于此，接着要清楚地向孩子说明到底"棒"在哪里。家长在说完"你真棒"后，要详细叙述具体事情的细节，要尽可能让孩子知道，是做事方法、具体细节很棒，而非表扬他本人。

（2）"你真积极主动、真努力、真用功、真勤奋、真勤快。"

点评：这不是真正的表扬，更像是居高临下的评价，像对孩子进行考核后的评语。这是对孩子道德、人品的评价与夸赞。孩子听后会感觉茫然，不太明确具体所指。家长应继续讲述具体事情的细节，要让孩子明白是做事方法和具体细节非常棒。

还有很多表扬或批评的方式，实际上空洞无物，让听的人摸不着头脑。

例如，"真是个好人！""真是个聪明人！""真是个能人！""真是个好孩子！""真是个听话的孩子！""真是个道德高尚的人！"

还有一些，如"太敷衍了！""太浮躁了！""太懒惰了！""太不听话了！""太讨厌了！""太贪心了！""太没规矩了！""素质太高了！""太没素质了！""太厉害了！"……这些全都是评论、评价，全都只停留在情绪表达或单纯评价上，让人摸不着头脑，实际上已经失去了表扬或者批评的意义。这就像在孩子的成长道路上设置了迷雾，让他们迷失了方向。

　　总之，家长应及早认识到：表扬孩子应针对所做之事而非人格，表扬事实能引导孩子关注细节，批评也应就事论事。

3.6 对待物与对待人

3.6.1 同理心

何为同理心？即能懂得他人的感受，站在他人的角度考虑问题，顾及他人的感受与承受力。在面对孩子或其他人的时候，我们应尽可能做到将心比心、设身处地、换位思考。设想一下：自己若处于对方的位置，或者别人如此对待我们，我们的感受如何？换位思考，很可能会让我们心理平衡，减少情绪化与过激的言行，我们会逐渐变得善解人意，亲子关系也会慢慢变好。这具体到日常生活中也很简单，家长在开口前稍加琢磨，思考自己这么说孩子能否承受，他会做何感想。

若不能站在别人的角度考虑，自己虽痛快了，却可能让别人难以承受、备受打击，甚至陷入抑郁之中。道德绑架他人，自己显得高尚了，却让别人倒霉了。

有人或许会问："我对别人有同理心，可别人对我没有怎么办？"马路上的通行规则是右侧通行，我们只需靠右行走即可，不必担心左侧是否空着。每个人只要做好自己，世界就会变得更和谐。

当然，每个人都可能会遇到没有同理心的人，此时，我们只需要按程序办理即可。

有些人，对物，如桌子、椅子常多愁善感，但面对他人尤其是孩子时，却变得严厉，甚至不近人情。这是同理心错位，搞错了对象。同理心的对象应是人，而非物。

缺乏同理心的人，往往只关注事情的道理、逻辑、合理性与效率，却忽视他人的感受与承受力。他们心中只有理想的物，而没有人。这种人是典型的缺乏情感的理性人。此外，他们还常拿自己的标准要求别人，不考虑别人的实际情况与需求，只强调自己的标准和要求，这种行为易引发他人反感与抵触，影响人际关系的和谐。

在家庭中，缺乏同理心的父母难以与孩子建立良好的亲子关系。他们可能忽视孩子的感受与需求，对孩子进行过于严厉的管教，甚至体罚孩子，给孩子的身心健康带来严重影响，导致孩子出现心理问题。在社交场合，缺乏同理心的人很难交到真正的朋友。他们可能表现得过于自私、无情、功利，甚至无聊，使得别人不愿与之交往。

同理心能让我们理解他人的感受与需求，与其产生共鸣。当我们设身处地为他人着想时，更容易产生关爱、同情，从而建立良好的人际关系。因此，我们要培养孩子的同理心，让他们从小学会关爱他人，理解他人的感受与需求。只有这样，孩子才能成为有爱心、有责任感、有担当的人。当然，要想孩子成为有同理心的人，家长自己首先要成为这样的人，以身作则。

3.6.2 不要用对待物的方法对待人

对待人，对待物，方法截然不同。不能用对待物的方法去对待孩子。对物可以精益求精，可以严苛；对人不行。对孩子严苛，亲子关系不大可能好，孩子不会听你的，更不会配合你。用对待物的方法去对待人，就是把人当成物，这是不正确的。

常见的对待人的方法如下。

1. 包容缺点与错误

允许别人有缺点和错误。有缺点的人才是真实的。人犯错误在所难免，只要能改正就好。

2. 理解人的不足

允许孩子有不自觉、好吃、睡懒觉等表现，这些都属于正常现象。人的能力有强弱之分，要既能接纳能力强的人，也能包容能力弱的人。我们要为孩子的成长提供足够的时间和空间。

3. 关注人的需求

人需要成就感、存在感、信任和良好的人际关系等，人会害怕、恐惧、纠结、焦虑。我们要关注孩子的内心世界，满足他们的情感需求。

4. 考虑人的承受力

人的承受力都是有限的，遇事必须考虑人的承受力。对人不能过于严格、严厉，要有弹性。人都有脆弱之时，也都有情绪低落的时候。因此，我们要在孩子脆弱和情绪低落的时候给予他们支持和安慰。

5. 接纳与尊重

对人，存在即接纳，不能控制他人。我们要尊重孩子的个性，让他们成为自己想成为的人。

6. 降低标准与期望

对人不能高标准、严要求，要允许别人不优秀，因为人不是机器。我们要降低标准与期望，让孩子在轻松的氛围中成长。

7. 对待人要公平

对待孩子不能双标，家长自己做不到的不能要求孩子做到，自己做得到的也不能强迫孩子必须做到。我们要公平地对待孩子，让他们感受到尊重和关爱。

常见的对待物的方法如下。

（1）按照标准规范先设计图纸，而后依图制造，不符合图纸者为次品或废品。

（2）秉持格物致知理念，对物高标准、严要求，不断打磨，精益求精。

（3）对待物应以利益与效率优先，要严格，无须弹性，不必有同理心和同情心等，只需控制。

（4）给物贴标签，物与物有可比性，可进行比较。

（5）要挑剔物，严格考核其性能，不断检查考核。挑剔、比较、评价、纠错、审视、评判、标准化考核等均可用于物，且越严格越好。

（6）无须对物多愁善感。

家长在与孩子相处时，务必时刻牢记以对待人的方式去关爱、理解和尊重他们，为孩子营造一个充满温暖与包容的成长环境。同时，要清晰地认识到对待人与对待物的本质差异，防止错误地将对待物（人）的方式用于对待人（物）。

第4章

养育孩子秘籍

4.1 养育孩子的方法

养育孩子，家长掌握一些恰当的方法可谓至关重要。在本节中，我将分享一些既实用又有效的方法。

4.1.1 操作流程

教孩子做的每一件事，都可设计为一套操作流程，事实上，任何一件事都表现为一个流程，而非孤立的一个点。

以教孩子吃饭为例，可将吃饭巧妙地设计成一套操作流程，它由众多行为动作按照一定顺序组合而成。教孩子吃饭，绝不是讲些大道理，也不是单纯地把饭送到孩子嘴里，更不是对孩子唠唠叨叨。

以下便是一套完整的教孩子吃饭的流程。

（1）洗手。就餐之前，家长教孩子洗净双手。

（2）饭前收拾餐桌并准备碗筷等。家长为孩子亲身示范，引领他们参与饭前准备工作，诸如收拾餐桌、摆放凳子及碗筷等。

（3）端饭菜。家长向孩子示范如何安全地从厨房端饭菜，将饭菜稳妥地摆放到餐桌上，同时要谨防孩子烫伤或者打翻饭菜。

（4）等人齐再吃。这是一个重要的家庭餐桌礼仪，让孩子懂得等待与尊重他人。

（5）使用公用筷子揀菜、公用汤勺盛汤。家长教导孩子使用公用筷子和汤勺，传授这一重要的用餐礼仪，这是日后孩子参加任何饭局都不可或缺的。

（6）注重吃相。家长为孩子亲身示范，教导孩子保持良好的吃相，不可发出过大声响或者狼吞虎咽。优雅的吃相能展现孩子的素养与气质。

（7）不许翻动饭菜。这是基本常识与基本规矩。若孩子不懂这一条，会让人觉得没有规矩。

（8）已经夹起来的食物不许再放回去。自己已经夹起的食物，上面沾有自己的唾液，他人又如何能吃？即便使用公筷夹取，那自己不愿意吃的又让谁来吃呢？不懂这一条的孩子同样会让人觉得没有规矩。

（9）吃完收拾餐桌，将剩菜剩饭端回厨房。家长为孩子示范如何清理餐桌及收拾碗筷。

（10）洗锅刷碗。家长为孩子示范如何洗碗，培养他做家务的能力。

（11）收拾厨房、倒垃圾。家长为孩子示范如何清理厨房并倒掉垃圾，保持环境整洁。

这便是教孩子吃饭的流程，将一件事情分解为 11 个环节。每个环节都是具体的行为动作，家长可以通过动作为孩子做出示范。家长先分解动作教导孩子，待孩子熟练掌握每个分解动作之后，再将这些动作串联起来，孩子很快就能学会。

教育孩子，是一项重要且极具挑战性的任务。家长都期望能够教会孩子各种生活技能与行为规范。然而，仅仅通过口头指导，并不能切实、有效、高效地让孩子学会。这是因为孩子需要家长具体的操作流程演示与示范，才能真正理解并掌握一件事情。

4.1.2 对操作流程的认识

1. 操作流程的重要性

家长在教孩子做每一件事情时，都可以将其设计成一套操作流程。这就意味着家长需要把复杂的任务拆解为多个简单的步骤，然后再按照一定的顺序将这些步骤串联起来。这样一来，孩子便能够迅速明白一件事情是如何逐步完成的，从而能够较为轻松地理解和掌握。

有了操作流程，家长就能够最大限度地专注于操作流程中的各个环节的行为动作示范，进而大大减少说教。很多时候，孩子并非不愿意学习，而是讨厌和抵触家长的说教等行为。很多时候，也不是家长不愿意教孩子，而是因为方法不当。关键靠方法，而不是靠谁的悟性。如果家长自己不懂如何教孩子，可以向他人学习。

知道了"操作流程"这个概念之后，家长要积极主动地设想出要求孩子做的每件事的操作流程，并耐心教孩子操作流程。比如吃饭，今后不再是简简单单的"吃饭"两个字，而是 11 个环节。

2. 实际操作与模仿

家长仅仅口头告知或者命令孩子去做什么是远远不够的，孩子需要实际的操作示范。在家庭中，每个成年人都应该遵守诸如吃饭的流程与规则，不能"饭来张口"，不能直接坐下就吃，不能吃完了就直接开始玩手机，而是要遵守吃饭流程，以自身的实际行动让孩子模仿。这不仅有助于孩子更好地理解规则的重要性，而且当孩子看到大人都在遵守流程与规则时，他会更愿意去模仿和学习。

3. 容易教且容易学

上述吃饭流程共有 11 个环节，家长可以先将这 11 个环节中的每一个环节单独拿出来教孩子，然后再按照顺序串联起来。这种做法的好处在于，每个行为动作都是分解后的简单动作，孩子一看就明白，一学就会。家长教起来轻松，孩子学起来也容易。在孩子熟练掌握单个行为动作后，家长再将它们串联起来是非常容易的。一日三餐，练习的机会很多，用不了一周孩子就能够熟练掌握。

4. 寓教于乐

当把吃饭分解为 11 个环节来教孩子时，吃饭在孩子眼中就变成了一项活动、一个游戏、一套组合动作，孩子可以边玩边学，在学中干，在干中学，增添了乐趣。一般来说，学习动作通常比较有趣，而且孩子学得也快。

5. 孩子有成就感

家长在将吃饭的分解动作教给孩子时，孩子的每一个进步他自己都能够看到，孩子自然就会有成就感，积极性与主动性也会自然而然地提高。

再举个例子。比如教孩子睡觉。睡觉同样可以被设计成一套操作流程，它由众多行为动作按照一定的顺序组合而成，家长教孩子睡觉绝非仅仅讲大道理，也不只是让孩子躺在床上。以下是一个完整的教孩子睡觉的流程。

（1）收拾书包。在睡觉前，孩子要把第二天上学所需的书包收拾好，并放置在指定的位置。任何人都不要去动孩子收拾好的书包。

（2）收拾其他物品。孩子要把红领巾、饭盒、钱、公交卡等放置在指定位置，以便第二天早上无须思考便能直接拿起来就走。如此一来，孩子的生活便会变得井井有条。

（3）洗漱。睡觉前洗漱是必不可少的环节。

（4）设置或检查闹铃。孩子要养成每天依靠闹铃起床的习惯，所以每天睡觉前都要检查或设置闹铃，这能在无形中让孩子学会自律与承担责任。

（5）关手机、关平板电脑、上床、关灯、躺下。对于已经上学的孩子来说，这些动作都应该由他们自己完成。

（6）过"电影"。孩子在关灯躺下后，可以回忆这一天是如何度过的，这能让孩子学会复盘与总结。

上述每一条都是具体的行为动作，家长都可以给孩子做出示范。家长教孩子，要更多地示范，而不是说教。

家长无论教孩子做任何事情，都可以将事情设计为操作流程。家长可以尝试着与孩子一同设计，也可以相互交流讨论。

综上所述，家长要教孩子做的每一件事都可以设计为一套操作流程。只有通过教孩子操作流程，家长才能够较为容易地教会孩子，孩子也才有可能快速学会。

4.2 秘籍举例

家长要教孩子做的每一件事都可设计为一套操作流程，这就是关键秘籍。以下是一些操作流程的示例。

4.2.1 洗澡的流程

（1）先用热水器把水烧上。

（2）预备好换的衣服。

（3）预备好洗澡用品，如毛巾、浴巾、洗发液、沐浴液、拖鞋等。

（4）水烧到一定温度后断电保护。（如果有此功能的话）

（5）打开浴霸，将水调整到合适温度。

（6）检查并调整花洒。

（7）开始洗澡：洗头、洗身体、搓澡等。

（8）洗好后，关水龙头，用浴巾擦干身体和头发。

（9）用吹风机吹干头发。

（10）换上预备好的衣服。

（11）打扫浴室。

（12）将换下来的衣服放到指定位置或者洗干净。

这就是一个完整的洗澡流程。这些都是行为动作，不是大道理，并且这些都是可以给孩子示范的。

4.2.2　辅导孩子做作业的流程

（1）家长先拿出草稿纸和笔。这是十分重要的一步。

（2）家长将孩子的题拿过来，或者准备好想要给孩子辅导的题。

（3）家长把解题步骤写出来。为了讲解得熟练，家长尽可能提前写一遍，不能现编现讲。这一步是辅导孩子做作业的重中之重。做不到这一步的家长最好不要辅导孩子做作业。

（4）用上五步法则：尽可能按照五步法则去完成解题步骤。审题时注意细节，在草稿纸上画草图，在草稿纸上尝试不同的解题思路，成功解题后再往卷子上誊写，最后检查。

（5）五步法则中的五步缺一不可，而且家长要尽可能思考清楚每一步具体怎么操作，不能考问孩子。请务必注意这一点。

（6）需要给孩子强调的内容，家长要提前总结归纳出来，要能非常熟练地讲出来。辅导孩子做作业，关键的是熟练，无论遇到什么情况，家长自己不能糊涂。

（7）家长要把做这道题涉及的知识点，尤其是之前孩子学过的知识点，思考清楚。确保所用到的知识点都是孩子之前学过的，也是孩子已经熟练掌握的。例如，面对没有学过方程的孩子，在给孩子讲数学题时就不能用方程解法。

（8）辅导过程中，无论孩子提出什么问题，家长都要尽可能心平气和、认真仔细地回答。

这就是一个完整的辅导孩子做作业的流程。这些都是行为动作，不是大道理，并且这些都是可以给孩子示范的。

4.2.3 孩子起床的流程及起床后的安排

（1）闹铃一响翻身起床，开灯。

（2）穿衣。前一睡觉前已经把衣服放到指定位置了，直接穿上即可。

（3）下床。穿好衣服后离开床。

（4）去卫生间。上厕所、洗漱。

（5）喝水。在指定位置拿自己的杯子喝水。

（6）打开收音机或者播放机，每天早晨听东西，用耳朵学习；也可以读文章、背文章。根据自己的安排选择晨听或者晨读、晨背。

（7）吃早餐、漱口、擦嘴。

（8）出门。穿外衣、背书包、带上其他物品。

这就是一个完整的起床流程及起床后的安排。这些都是行为动作，不是大道理，并且这些都是可以给孩子示范的。

4.2.4　孩子看书的流程

（1）选一本书。

（2）拿出笔记本、笔和字典。

（3）坐到书桌前。

（4）打开台灯，可以准备一杯水。

（5）开始看书。

（6）边看书边做笔记。（当然，不会写字的孩子，做笔记就省略了。）

（7）遇到精彩的内容或文字，尽可能多看几遍，甚至可以背下来。

（8）遇到不认识的字，查字典。

（9）遇到不理解的内容，要跟家里的大人交流讨论或者请教。如果家里的大人不明白，也可以在网络上查，或者请教其他人。

这就是一个完整的看书流程。这些都是行为动作，不是大道理，并且这些都是可以给孩子示范的。

孩子为什么要坐在书桌前看书呢？预防近视。为什么要做笔记？不做笔记，看书就仅是消遣娱乐了，不可能阅读透彻，也记不住。为什么要查字典？不查字典，不去理解，也不可能阅读透彻。

4.2.5　让孩子学习打篮球的流程

例如，家长想安排孩子在暑假学习打篮球，就要进行充分且周全的安排。具体的操作流程如下。

（1）在暑假前，提前寻找篮球班：通过网络或其他途径寻找。弄清楚时间、地点、费用、教练以及教学内容等，最好全面了解孩子自己是否想要加入这种篮球班。

（2）经与家人商议确定后，办理相关手续。

（3）确定开班时间以及作息。

（4）安排好孩子的接送事宜。

（5）规划好孩子的早餐、午餐与晚餐，考虑孩子的饮水问题。

（6）准备好孩子的衣服、篮球、鞋子、毛巾、书包等。

（7）考虑万一孩子受伤了该如何处理。

（8）思考万一发生冲突了该怎么办。

（9）协调好孩子的暑假作业、暑假旅游等与篮球班的时间安排。

4.2.6 带孩子去旅游的流程

例如，家长准备带孩子去云南旅游，就要进行充分且周全的安排。具体的操作流程如下。

（1）商议哪几个人一同前往，比如父母加上孩子。

（2）确定时间：孩子暑假期间，家长年休或调休时。商议好后，家长向单位提出请假申请并获得批准。

（3）提前查看目的地的天气预报。

（4）考虑大致预算，计划金额。

（5）制定旅游攻略。研究他人的游记，规划大致的旅行路线，规划途经景点、交通、住宿、餐饮、购物等。

（6）逐项落实。对交通进行研究，对往返行程的机票、车票、船票等进行规划，货比三家；对住宿进行研究，货比三家；对景点门票进行规划；等等。这些都不要急于下订单。例如，火车票一般不打折，而飞机票经常会有折扣，可以在总体时间允许的前提下等到打折了再下订单。

（7）进行旅行安全保障分析。

（8）准备需携带的物品，如行李箱、衣服、鞋子、手套、帽子、雨具、药品、防晒霜、登山杖、水壶等。

（9）兼顾孩子的暑假作业。

（10）将上述内容全部写成文字，制作成完整的旅行方案，打印出来，人手一份。

（11）安顿家里，如家里的宠物、花草、电器等。同时安顿好家里老人和其他人。

（12）委托同事，若单位有涉及自己的事，及时提醒自己。

（13）处理单位的工作。虽然自己请假了，但万一单位找自己，也不能断然拒绝，需适当兼顾。

（14）出发后若发现自己的旅行方案存在不足之处，及时修改调整。

以上这些例子，有的简单，有的复杂，家长们可以在此基础上拓展思维，尽可能把自己要求孩子熟练掌握的每一件事都设计成一套操作流程。但太过容易的事情，就不需要了。

或许有些家长会觉得这么做太麻烦了。但是，教孩子就得考虑孩子怎样才能学得快。我觉得，为了能顺利地教会孩子，为了能让孩子熟练地掌握做事的基本方法，家长再麻烦也值得。

麻烦，为生活的常态；而惧怕麻烦，则是违背常态之举。倘若家长总是由于怕麻烦而选择逃避，那么有可能一事无成。

4.3 以问题为导向

4.3.1 养育孩子，应以问题为导向

所谓以问题为导向，即每发现一个问题后，便要积极主动地去探寻解决之法。在找到方法后，家长先自行掌握，再将其传授给孩子，随后家长与孩子携手前行，共同努力解决问题。

家长要养成"遇到问题找解决方法"的良好习惯，而不是"找孩子或他人的责任乃至错误"。因为真正能够有效解决问题的是方法，而非人本身。只有当家长把目光聚焦在解决方法上时，才有可能真正解决问题。

例如，当孩子在背诵方面出现问题时，家长应立刻行动起来，积极寻找背诵的方法，待找到合适方法后，家长先学会，再与孩子一同运用这些方法，齐心协力攻克背诵难题。

再如，孩子挑食是许多家长都会面临的问题。对此，家长可以探寻解决孩子挑食的办法。例如，尝试多样化的烹饪方式，增强食物的吸引力；通过讲故事、玩游戏等方式引导孩子养成良好的饮食习惯；饭前尽可能不要让孩子吃太多零食；等等。

家长应与孩子共同努力找到解决挑食问题的方法，而不是指责孩子挑食。

然而，若没有发现问题，家长切不可凭主观臆断向孩子提要求，更不要乱套各种理论"折腾"孩子。因为能够将已经发现的问题妥善解决，家长已然堪称高手，就不必再做多余的事了。家长凭主观臆断给孩子增加任务和提要求，很可能是自寻烦恼。

4.3.2　一些案例

（1）孩子做作业拖延

问题表现：孩子做作业极为拖拉，时而玩笔，时而发呆，原本 1 小时能完成的作业常常要耗费 3 ~ 4 个小时。

解决方法：优化学习流程，将预习、听课、记笔记、制订课后计划、复习等每个环节都落到实处。

（2）孩子胆小认生

问题表现：孩子在与陌生人交往时十分胆小，不敢主动打招呼，甚至会躲在家长身后。

解决方法：精心设计场景，让孩子和其他家人分别扮演不同角色，在家里模拟在外面遇到陌生人的情景，练习互相打招呼。孩子在家里练习熟练之后，到了外面也就能游刃有余了。

（3）孩子沉迷电子产品

问题表现：孩子对手机、平板电脑等电子产品极为着迷，一有时间就玩游戏、看视频，严重影响了学习和休息。

解决方法：家长首先严格控制自己在家使用电子产品的时间，同时与孩子深入沟通，了解孩子喜欢玩电子产品的原因。如果孩子是因为无聊，没有其他有趣的事情可做，那么家长可以为孩子购买一些有趣的书和益智玩具，给孩子报名他感兴趣的绘画班和足球班等。同时，家长还可以多陪伴孩子，如一起做游戏、阅读和做运动。这样一来，孩子对电子产品的依赖将慢慢减少，开始享受丰富多彩的课余生活。

家长遇到自己不知道解决方法的问题，应尽可能立刻咨询帮手圈的好友，一起研究并找到解决方法。

4.3.3　莫让理论成枷锁

教育理论，无疑是众多教育专家智慧的结晶。然而，倘若家长不以问题为导向，盲目地将各类理论的条条框框施加于孩子身上，结果很可能事与愿违。

家长在运用这些理论时，真的理解透彻了吗？真正学懂了吗？知晓该如何正确操作吗？很多时候，家长只是一知半解，便急于在孩子身上进行试验，生搬硬套。这其实会给孩子的成长带来极大的伤害。

家长应以问题为导向，而不是以理论为导向。孩子在成长过程中会遇到形形色色的问题，而这些问题恰恰是家长养育孩子的真正切入点。以问题为导向，意味着家长要敏锐地察觉孩子的行为、情绪和需求的变化，一旦发现问题，便积极主动地去探寻切实可行的解决办法。

例如，当孩子在学习上遇到困境时，家长不应立刻套用某个理论，而应静下心来剖析问题的根源是学习方法不当，还是孩子缺乏学习兴趣，还是其他，进而有针对性地采取措施，助力孩子克服困难。

然而，现实中有不少家长喜欢套用理论，将错误和责任统统归咎于孩子，不断指责孩子，用所谓的理论打击孩子。

家长盲目套用理论，往往会忽视孩子的实际情况。不同的理论可能会给出相互矛盾的建议，这会让孩子陷入混乱。然而，这并不是理论的错误，而是家长对理论断章取义、一知半解的后果。

家长养育孩子应回归本真，以解决孩子的实际问题为导向。家长要放下对理论的断章取义、一知半解和过度依赖，以问题为导向，与孩子共同努力，找到适合孩子的问题解决方法。

4.4 身教重于言教

4.4.1 儿童教育与成人教育的差异

儿童教育和成人教育之间存在着巨大差异，家长绝不能把适用于成人的教育方法生搬硬套地用在孩子身上。很多家长其实一直在用教成年人的方法教孩子，效果自然不尽如人意。

一般来说，成人教育，老师给成年人讲解并不会讲得太细。讲完课，老师的任务也就结束了，后续就交给成年人自己去钻研了。即便有答疑环节，往往也很短暂。

然而，儿童教育可不是这么简单！从家长耐心地指导预习，到老师精心地备课、生动地讲课，再到课后家长细心地带着孩子复习、深入地钻研教材、认真地完成作业以及进行丰富多彩的课外拓展等一系列过程，都离不开大人的示范、讲解与引领。家长不能只靠孩子自觉，更不能不顾孩子的实际情况，让孩子独自探索。儿童教育其实是一种充满温暖的陪伴教育，家长在陪伴孩子的过程中达成教育的目的，在教育的过程中又不断强化陪伴的深刻意义。

成人教育，老师可以更多地言教；用语言教成年人的"脑子"去领会知识点。儿童教育，家长应尽可能身教，尽可能给孩子做示范动作，让孩子模仿。说教在儿童教育领域几乎是行不通的。

儿童学习知识，除了课堂上老师深入浅出的讲解，课后还得家长带着孩子钻研教材、总结归纳、完善笔记、复习、做作业，家长可不能撒手不管或者直奔辅导作业，那可就把孩子当成成年人了。

总之，儿童教育与成人教育完全不同，我们不能将成人教育的方法错误地用到儿童教育上。

4.4.2　少给孩子讲大道理

许多家长认为，只要将道理讲清楚，孩子便能心领神会，然后奋发图强。但孩子与成年人的思维方式有着巨大差异，世界在他们眼中并非由一个个高深的道理构建而成，而是由直观的色彩、生动的声音、真实的触感或行为动作所组成的。家长用成人教育的逻辑去强行灌输大道理，难以在孩子的内心深处激起涟漪。他们很多时候压根儿就听不懂，那我们又何必苦苦执着于这种错误的方式呢？

当我们放弃说教，转而给孩子做示范，让孩子模仿时，我们便开启了一场更为贴近孩子心灵的教育之旅。

4.5 正面教育

4.5.1 正面教育概述

正面教育的核心思想在于：只教孩子正确的方法，尽可能不指出或者少指出他们的差错。

1. 示范正确的方法

身为家长，我们应当以身作则，通过实际行动为孩子示范正确的方法，让他们能够直观地看到某件事的具体步骤。

给孩子讲大道理，他还得自己去领会，而领会是个充满不确定性的中间环节，孩子有可能领会正确，也有可能领会错误。毕竟，家长说的话，孩子并不一定能够精准领会。而让孩子直接看示范动作，他无须领会，直接模仿就行。

2. 不要直接指出孩子的问题或者错误

当家长发现孩子存在问题或者错误时，不要直接指出孩子的问题或者错误。此时，家长应再多教孩子几次正确的方法，等孩子熟练掌握了正确的方法，问题或错误自然而然就会减少了。

3. 未教则不考

家长没有教过孩子的方法、内容或技能，不要考核孩子。

4. 关注孩子进步

家长应该关注孩子的每一个进步，并明确说出孩子取得的进步，这样能够让孩子知晓自己做得对的地方，能让孩子感受到付出后的回报、感受到成就感，从而激发他们的内在动力。

5. 鼓励与表扬

当孩子有良好的行为表现时，家长应该及时给予他鼓励和表扬，这样能够让孩子感受到自己的付出获得了认可，进而增强他们的成就感和内驱力。

6. 耐心协助

当孩子遇到问题或者困难时，家长应该耐心地帮助分析问题，探寻解决办法。在这个过程中，孩子能够学到发现问题、解决问题的方法，同时也能感受到家长的关爱。

7. 培养成长型思维

家长要让孩子感受到自己的技能可以通过练习一点点提升，要让孩子感受到自己的进步。家长要培养孩子的成长型思维，这一点特别重要。人的进步，本来就是慢慢累积的，正所谓"不积跬步，无以至千里"。有的人奢望一步登天，但是总也实现不了，然后就放弃了。这是因为缺乏成长型思维，这样的人不在少数。

我认为：每一个小成果累积在一起，就是大成果。所以，每当孩子取得了一个小成果时，家长就要明确告诉孩子。

4.5.2　家长交流实录

家长："老温您好，家中老大是个女孩，现在六岁，老二是个男孩，现在一岁半。自老二出生后，老大存在一定的心理落差。现在他们相处时，老大总是喜欢吓唬老二，比如对他大声吼叫或者做出很凶的表情，又或者追着他跑。老二现在常常看到姐姐就往爸妈怀里躲，偶尔也会和姐姐对着干。老大的这类行为是不是为了引起我们的注意呢？有什么办法可以制止老大的这类行为吗？这真的让我很苦恼，不知道如何是好。"

老温："我想问你，你是怎么得出'心理落差'这个结论的？我觉得，这些例子跟心理落差未必有关联。建议尽可能少研究孩子的心理活动，只研究发现的现象和事实就足够了。尽可能根据发现的现象和事实，制订并尝试解决方案，而不是推测孩子的心理，从而空想解决方案。因为孩子的世界是纯真而直接的，我们应该从他的行为中去寻找答案，而不是陷入各种猜测。

"另外，我想问一下，你有没有教过女儿应该怎样和弟弟相处？例如，把六岁的小朋友叫过来，给她示范如何与弟弟相处，教孩子具体的行为动作，而不是讲大道理。"

家长："我还真没有像您说的这么教过。"

老温："对于一个六岁的孩子，她可能会觉得吓唬很正常，追着跑也很正常，那不过就是玩耍而已。要是你不教她正确的方法，她完全有可能认为这些就是正确的。养育孩子的第一个关键要点就是，你不能让孩子去猜测'什么才是正确的方法'，而是要直接教给孩子正确的方法。这就如同为孩子绘制了一幅清晰的成长地图，让他能够明确地知道自己该如何前行。"

家长："明白了。看来我还是要一点点教老大。"

老温："第二个关键要点，我认为不应该制止孩子，现在你要制止的是给孩子挑错的行为。养育孩子有两种思路。第一种是正面教育，即只教孩子正确的方法，即便看到孩子有错误，也不直截了当指出来并纠正。第二种是纠错管教，即看到孩子犯了错，首先就把错误指出来。有的家长不仅会指出来，还会让孩子当面认错道歉。纠错管教这种方法，用在孩子身上不太合适。因为纠错并不能让孩子知道什么才是正确的，他可能会停止某些不允许的行为，但他依然不知道究竟应该怎么做。

"第三个关键要点是未教则不考。你没有教过孩子具体的方法，就尽量不要去考核孩子。所有的考核内容，都应该是你事先教过的内容，而且是你教过不止一次的内容。如果你没有教过孩子就去考核，这不就是故意刁难孩子吗？例如，我现在给你一本结构力学教材，让你自己看三天，然后我来考你，你觉得这公平吗? 所以, 没有教过孩子的内容, 就尽量不要考核孩子。

　　"请牢记: 儿童教育, 尽可能正面教育, 只教正确方法。"

　　家长: "您讲的这些内容, 我需要仔细体会。谢谢您! 我会用心思考您的建议。"

4.6 提前备课

4.6.1 提前备课概述

无论向孩子传授何种知识、方法或技能，家长都要提前备课。比如教孩子跳绳，家长务必事先做好准备，绝不能临时起意去教孩子，要清楚跳绳的流程、节奏、要领和技巧，并且知道怎样引领孩子逐步掌握。想象一下，当孩子看到家长那胸有成竹的模样时，他们会多么有信心跟着学啊！

备课，其实就是提前做好一些准备工作，规划好如何给孩子做示范动作与讲解动作要领。备课是为了确保家长的讲解顺利、成功而进行的预先准备，首先获益的是家长，其次是孩子。因为当家长做好了充分的准备后，就能更加自信地面对孩子的提问和挑战。

没有人能完全依赖现场发挥。影视剧演员，都有剧本、台词以及导演的提前指导，即便如此，有的镜头还得拍摄多次甚至上百次。专业演员尚且如此，我们就更应该提前做好准备。

另外，如果老师不备课就给你的孩子上课，语无伦次，你乐意吗？在学校里，校领导会不定期地安排有经验的老师去听其他老师的课，如果讲课的老师经常讲得不好，被判定讲课不合格，就会被扣奖金，还有可能面临调岗、下岗。老师不备课就讲课，风险极大，家长对备课这件事也应该有这样深刻的认识。家长要对孩子的教育负责，不能让他们听了混乱的讲解后迷失方向。

4.6.2 给孩子讲解时容易生气，主要原因就在备课上

很多人觉得备课是给家长增添负担，然而事实恰恰相反，这是在帮助家长。家长提前备课不仅能使讲解过程更加顺畅，还能有效减少自己发火。如果家长提前做好准备，讲解会更具逻辑性，能更好地契合孩子，避免因讲解不清而产生急躁情绪。提前备课就像为家长的情绪装上了一个稳定器。

很多家长没有接受过正规的讲解训练，如果不提前准备，那么在讲解过程中就只能信口胡诌，讲解得毫无逻辑，孩子自然难以理解。孩子只能理解那些生动有趣，而且逻辑性很强的东西。

有些家长在教育孩子时总是发脾气，十有八九是因为他们没有提前做好准备，孩子听不懂家长那毫无逻辑的讲解，所以家长应提前思考好自己该如何讲解，考虑孩子能否听懂，从而让孩子更好地理解讲解内容。

家长一开始给孩子讲解时，要把自己要讲的内容写出来，当

积累了一定经验后，可以不再写，或者只写提纲。如此一来，孩子能更好地理解和吸收家长所讲的内容，家长也能更加轻松和愉悦。

4.6.3　家长具体应怎么备课

第一步，把要教孩子所做事情的流程写出来。

第二步，考虑怎么讲解得生动形象、通俗易懂，考虑怎么给孩子做示范动作。要像一位亲切的朋友，用通俗易懂的语言和生动的示范，让孩子轻松地理解和掌握。

第三步，考虑怎么能让孩子更容易理解和记忆，调整自己的讲解方案及示范动作。要站在孩子的角度，为他们量身定制讲解方式。

第四步，考虑孩子怎么更容易记忆，修改自己的口语讲解方案及示范动作。

例如，教孩子写字、练字，备课时的第一步是先将写字、练字的流程写出来。

（1）收拾桌子、椅子。

（2）拿出草稿纸和田字格本子。

（3）拿出铅笔、橡皮、钢笔或者圆珠笔。

（4）拿出要写的字。

（5）给孩子讲解并示范正确的握笔姿势。

（6）给孩子讲解并示范正确的坐姿。

（7）给孩子讲解并示范正确的头部姿势。

（8）先在草稿纸上练习写字，等到写熟练之后，再练习往田字格里写。

（9）给孩子讲解并示范某个字的笔画顺序。

（10）一开始练习写字时，主要追求握笔姿势、坐姿、头部姿势，追求字的笔画顺序正确，不追求孩子写字好看。

（11）反复练习之后，自然而然就好看了。

这就是一个完整的教孩子写字、练字流程，然后，依次准备第二步、第三步、第四步。

4.7　数量就是质量

4.7.1　数量就是质量概述

家长在养育孩子的过程中，教孩子行为动作，比较形象，且孩子可以直接模仿，学起来也快。尤其是重复教孩子到一定次数后，大多数孩子也容易记住。数量就是质量。孩子做不好的根本原因就是没有熟练掌握，就是家长教孩子的次数不够多。

为什么要教孩子行为动作？

这是由儿童教育的特点和规律决定的。孩子与大人的理解能力存在着巨大差异，孩子学东西的方式也与大人截然不同。大人理解能力强，学的内容可以是抽象的观点、理念、道理，而孩子一般难以理解这些抽象的内容。孩子对生动形象的行为动作理解得比较快。所以，家长教孩子时，要尽可能将抽象的内容转化为生动形象的行为动作，让孩子模仿。这并不是对家长的额外要求，而是儿童教育的必然之法。

然而，很多家长总喜欢说教，不愿意给孩子做示范动作。其实，这是在用教大人的方式教孩子，方法错了。

例如，家长教孩子识字，最好将字、图、拼音等一同呈现在孩子的眼前，变抽象为具象，让孩子能够直接学习；教孩子吃饭，最好将"流程和行为动作"等一同呈现在孩子的眼前，变抽象为具象，让孩子能直接学习。

那为何需要如此多的重复？

这是由行为动作的特点所决定的。孩子学习行为动作主要靠练习，且要不断重复才有可能熟练掌握。学习行为动作的关键是熟能生巧。家长在教孩子行为动作的过程中，如果没有 30 次、50 次甚至上百次的重复，就不要期望孩子能够熟练掌握这些行为动作。在重复这些行为动作的过程中，孩子肯定会思考、会动脑，随着重复次数的不断增加，孩子也就渐渐理解了这些内容。

例如，教孩子弹钢琴，其实就是教孩子行为动作，孩子只有不断重复练习，才有可能熟练掌握。只有孩子熟练掌握了基本功，他才有可能考虑艺术性和思想性。

家长教孩子行为动作有个特别大的好处：孩子一旦熟练掌握了某个行为动作，很可能一辈子都忘不了。就像某个人小时候学会了骑自行车，即便今后 20 年不骑，只需稍微练习一下，也能很快回忆起动作要领。

可是，很多家长常常因为急功近利，只教孩子一两次就不想再教了，就急于考核孩子。这既不符合孩子学东西的规律，也可能给孩子带来巨大压力。这就像是在孩子成长的道路上设置了一个又一个障碍，让他举步维艰。

在教孩子的过程中，家长不能因为孩子没有很快掌握就失去耐心。家长要继续教，增加次数，但并不是机械地重复，而是要在重复过程中不断调整和改进教学方法，关注孩子的反应和进步，及时给予鼓励与支持。

4.7.2 孩子养育中的"百次计划"

家长无论教孩子何种内容，诸如良好习惯、学习方法、考试技巧等，每一项内容都教孩子 100 次，这就是"百次计划"。

家长不必畏惧这个"百次计划"。咱们来算算：同一项内容，1 天教 1 次，90 天可达 90 次；1 天教 2 次，45 天可达 90 次；1 天教 3 次，30 天可达 90 次。看来，教孩子 100 次并不难！

为何是 100 次而非 80 次或者 50 次？这里的"100 次"并非一个精准的数字，它实则是一种象征，表示很多次。次数能体现家长的努力以及耐心。我提及需要 100 次是在强调家长要有足够的耐心。没有足够的次数，很有可能意味着家长缺乏耐心，所下功夫远远不足。

事实上，并非所有孩子都需要家长教整整 100 次才能熟练掌握。有些孩子或许在家长教 20 次或 30 次后便能熟练掌握，甚至有些孩子仅需家长教 1~2 次就能熟练掌握。我虽然强调重复的次数，但次数并不是目的，孩子能够熟练掌握才是目的。

在孩子的成长过程中，家长要清楚地知道，唯有方法正确、次数足够，给予孩子足够的耐心，孩子才有可能真正掌握教的内容。所以，不管是多少次，都是家长为了孩子的未来而努力的见证。

我坚信，只要家长按照本书中的方法去教孩子，用不了 100 次，或许只需 10 ~ 20 次，孩子就能熟练掌握家长所教的内容了。

4.8 因材施教

4.8.1 因材施教是家长的职责

长久以来，我们虽一直强调因材施教的重要性，却常常片面地将其归责于老师。然而，老师面对整个班的 40~50 人进行大课教学，而且有的老师一个人要教好几个班，实在难以做到对每名学生因材施教。课后辅导也多是老师针对题目和知识点的一般性讲解，老师很难针对具体学生展开教学或者辅导。

而家长在教育孩子时近乎是一对一的，天然具备因材施教的条件。只有家长才有更多机会深入了解孩子的特点，才能敏锐察觉孩子的优势、困难等，并及时调整教育方式。这是老师难以做到的。

老师负责针对一个或多个班讲课，很难做到因材施教；家长则可以针对单个孩子启蒙、培养好习惯以及教授学习方法，偶尔也可以教孩子知识点和解题方法，完全有条件做到因材施教。所以，因材施教是家长的责任。

家长如何因材施教？我的体会是，因材施教的关键在于家长能依据孩子特点精心备课。家长通过备课，做到深入浅出、生动形象地讲解以及耐心示范，确保孩子听得懂，听得津津有味。

每个孩子都有不同的思维模式、认知水平和学习偏好。有的孩子可能更易接受直观形象的讲解，有的孩子可能在逻辑推理中更能领悟知识内涵，有的孩子需更多时间消化理解，有的孩子则能快速掌握要点。家长只有充分了解孩子的特点，并将其融于自己的讲解课件中，才能在教育过程中真正做到因材施教。

如果孩子听不懂或者听得很乏味，责任应在家长，是家长教育方法不当，未能契合孩子实际情况，家长绝不可将责任推给孩子。这就是因材施教的重点。

如果孩子听不懂，家长不能冲孩子发火。因为这不是孩子的错，而是家长没找到合适的钥匙来开启孩子的智慧之门。而且，发火不仅不能解决问题，还可能给孩子带来心理创伤和压力，使其对学习产生抵触和畏惧情绪，更加听不懂。相反，家长应保持冷静理智，反思自己的教育方式，思考如何调整以适应孩子需求。要记住，家长应主动适应孩子，教学方法要随孩子特点而变，而非让孩子适应家长。

要做到因材施教，家长确实需付出很多。这意味着家长要花时间观察孩子、与孩子交流，了解孩子的理解能力，了解其内心想法与困惑，清楚孩子当前水平。家长在备课过程中应充分考虑这些实际情况，设计出符合孩子认知水平和兴趣的讲解课件。家长在讲解时要注意语言表达方式和节奏，用孩子能理解的方式阐释复杂知识；示范要清晰明确，让孩子能直观地看到正确做法和过程。

因材施教，要求家长完全按孩子能理解的方式讲解。孩子只有在适合他的教育方式下轻松理解和掌握知识时，才会感受到学习的乐趣和成就感，从而更积极主动地学习新事物，同时这也有助于培养孩子良好个性和品格，让孩子成长得更自信、更坚强。

4.8.2　当孩子听不懂时，家长应从自己身上找原因

在孩子的学习之路上，有的家长常抱怨："简单内容讲两三遍孩子还听不懂，真让人抓狂！"尤其是小学数学，家长觉得知识很简单，孩子却总出错。这种将原因归咎于孩子不聪明、不努力的想法其实是错误的。当孩子听不懂时，家长只能从自己身上找原因，只有这样才可能抓住问题核心。

老师教孩子时，一般情况下，如果孩子熟练掌握了听课方法，每天坚持课后复习，出现课堂上听不懂的情况的可能性很小。若多数孩子都能听懂老师在课堂上讲的内容，仅极少数孩子听不懂，自然不能怪老师。孩子没听懂，很可能是家长没有教会孩子听课方法。孩子回家后，家长应继续教孩子听课方法，或者补充讲解孩子没听懂的知识点，将抽象的内容转化为生动形象的

行为动作，并按本书介绍的方法认真备课且有针对性地讲解。

　　家长教孩子时，孩子听不懂，就是因为家长没有备课，或者备课不充分、讲解方法不当、语言表达不准确，与孩子并无关系。然而，多数家长抵触备课，觉得只有老师才需要备课，自己没时间、不会备课，认为让家长备课是为难家长。但不备课，谁又能讲解清楚？家长讲解任何内容都得备课，这是讲解的规矩，人人都要守规矩。

　　总之，因材施教需要家长尽职尽责地依据孩子特点精心备课，做到深入浅出、生动形象地讲解以及耐心示范，确保孩子听得懂。

第

5

章

养育孩子的经验分享

5.1 关键是实践经验

5.1.1 遇事先判断自己有无经验

当我们遇到事情时，建议先判断自己对此是否有经验。对于自己没有经验或没有做过几遍的事情，不可轻信自己的判断，因为很可能每一个念头都只是空想，执意坚持这些想法的后果可能不堪设想。面对自己没有经验的事情时，自己给出的解决方案极有可能是不切实际的，就像美丽却脆弱的泡沫，经不起轻轻一击。

空想会耽误事情。空想可能会让我们制订出不切实际的方案或计划，从而致使我们的行动出现偏差，甚至走向失败。我们可能会因为空想而忽略现实中的诸多限制和障碍，满心欢喜地朝着虚幻的目标前进，最终却撞得头破血流。

空想会坏事。空想会使我们沉浸在幻想的世界中，丧失对现实的敏锐洞察力和判断力。我们可能会因为空想错过真正重要的机遇，在不切实际的幻想中白白浪费时间和精力。

所以，当我们遇到事情时，应先判断自己有无经验。

5.1.2　自己没经验怎么办

当一个新生命降临时，初为父母的我们，往往手忙脚乱，不知该如何应对。养育孩子，对许多人来说，是全新的事业，没有经验的我们，就如同在茫茫大海中航行的船只，很容易迷失方向。那一刻，我们心中充满了不安和焦虑，仿佛置身于一个陌生而又充满挑战的世界。

然而，我们无须过分担忧自己没经验，因为很多家长一开始都没有经验。在这个充满挑战的旅程中，我们可以从他人那里学习宝贵的经验。这里所谓"他人的经验"，一定不能是他人空想、杜撰或东拼西凑而来的，而应源自他人亲自实践，源自无数次的摸爬滚打。"他人的经验"必须有完整的流程，具有可操作性。那些有着丰富育儿经验的家长，他们曾经历过我们正在面临的困惑与迷茫。他们曾在无数个日夜中，用心去感受孩子的需求，用爱去化解孩子的哭闹，用耐心去引导孩子成长。他们的经验，是在实践中积累起来的智慧结晶。

当我们看到别的家长如何巧妙地应对孩子的挑食问题时，我们可以借鉴他们的方法。当我们为孩子的任性而苦恼时，那些有经验的家长分享的应对策略，或许能让我们豁然开朗。

我们从他人的实践经验中学习，并不意味着盲目照搬，而是要从他人的经验中找到方向，然后再根据自己孩子的特点，灵活运用这些经验。在这个过程中，我们也在不断实践，逐渐形成属于自己的育儿之道。我们从毫无经验的新手，逐渐成为能够应对各种挑战的"育儿专家"。

借鉴他人的实践经验，而非他人空想、杜撰出来的所谓"道理"。在此基础上，自己再积极地尝试、摸索与实践，就能够在孩子养育之路上稳步前行，不断积累真实而宝贵的经验，逐渐开拓出属于自己的育儿之路。

阅读孩子养育类书籍，我们真正需要的是作者实实在在的经验，而非东拼西凑的文字综述。倘若你看到的某本书或者某一段分享内容是一些东拼西凑的内容综述，而非出自作者本人的实践经验，应立即将其舍弃。

5.1.3 自负之人的育儿觉醒

也不排除存在这样一类人，他们虽毫无经验，却非常自负，觉得不就是养育孩子吗，能有多大事儿呢。

在养育孩子的过程中，有些人明明毫无经验，却偏偏固执地坚持自己的想法，这着实令人胆战心惊。当父母顽固地坚持自身观念时，必然会对育儿的客观规律视而不见、听而不闻，极有可能在孩子成长的关键节点上做出错误决策，在育儿之路上一错再错。

处于这种状态的人，恰似置身于梦幻泡影之中。他们的自以为是宛如一道屏障，阻碍了自己迈向真正体验与学习的道路，使其沉醉于自我营造的虚假优越感之中。他们自认为对一切都了如指掌，能够轻松应对各种状况，然而，当真正的挑战如狂风暴雨般袭来时，他们给出的解决方案却华而不实、漏洞百出，甚至与实际情况背道而驰。

我们要清楚地认识到，没有实践经验作为基础，所有的想法都只是梦幻泡影。真正的经验源自实践，是在困境中摸爬滚打，历经一次次挫折与成功后的沉淀。而那些本无经验却固执己见的人，往往在关键时刻掉以轻心，不但自己无法妥善处理问题，还可能给身边的人带来诸多麻烦。

更为糟糕的是，这种自以为是的态度会严重阻碍家长在孩子养育过程中的成长与进步。他们不愿意探索新事物，不虚心学习他人的长处，也不愿在尝试与实践中积累经验，而是固执地守着自己狭隘的认知，作茧自缚。他们难以察觉自身的不足，意识不到与真正有经验者之间的巨大差距，从而白白浪费了提升自己的宝贵机会。

这样自以为是的人很可能不在少数。他们往往要等到撞了南墙，才会慢慢回归现实。对于那些自负的人，目前一时半会儿还没有什么好办法。去劝说他们吧，他们根本不可能听从。看来还是得靠"撞南墙"去说服他们了。

我不提倡依据自己的认知与想法去说话、行事，建议按照事情的客观规律说话、行事。怎样对事情有益就怎样做。

总之，家长应尽早认识到：养育孩子的关键在于实践，而非自己的想法；对于自己没有经验的事情，不可轻信头脑的简单理解和判断，因为每个念头或许都只是空想、幻想。

5.2 客观叙事

5.2.1 什么是客观叙事

在我的记忆深处，我小时候生活在山西乡下的日子如同一幅幅温暖而质朴的画。那时，逢年过节走亲戚是一件让人充满期待的事情。父亲，那个朴实的乡下人，通常不会自己前往亲戚家，而是打发我们这些孩子踏上走亲访友的旅程。因为家里总有各种事务需要照料，养的猪、羊、兔、鸡等，它们仿佛是父亲放不下的牵挂，需要用心照管。

每次从亲戚家回来，父亲就会让我们这些小孩口述走亲戚的详细经过。那时候的我，懵懂无知，只觉得这像是一场小小的汇报演出。实际上，这就是让孩子口述记叙文，即叙述走亲戚过程中发生的一切。我的父亲不懂什么是记叙文，然而他却极为关注事情的发生与发展过程。走的哪条路，途中遇到了什么，何时到达的，亲戚家都有哪些人，说了些什么，准备了哪些菜肴，等等，父亲每次都会仔仔细细地询问孩子们走亲戚的各种细节。

在这一问一答中，父亲非常有耐心。小时候的我，偶尔会觉得父亲有点啰唆，心中或许还会闪过一丝不耐烦。等我长大后，才渐渐明白，父亲通过这些口头叙事细节，能全面了解和把握亲戚对我们家的态度，也能知道亲戚家的实际情况，当然也能掌握孩子们在走亲戚过程中的表现有无不当之处。要是真有不当的地方（或话语或表现），父亲会在合适的时候想办法弥补、解释等。有时，人们之间、亲戚之间产生矛盾，当事人一方并不知道自己到底做错了什么，尤其不知道自己的孩子说了什么、做了什么，但是我父亲知道，父亲就是从这些口头叙事细节里知道一切的。

在这里，口述记叙文起了作用，即父亲安排给孩子们的客观叙事起了作用。孩子们的客观叙事、父亲的经验和智慧，让父亲对亲戚们有了全面的了解，也避免了亲戚之间矛盾与冲突的发生。

5.2.2 家长要学会客观叙事

在养育孩子的漫漫长路中，家长要学会以记叙文形式来客观记录或口头叙述事情。这种看似简单的叙事方式实则蕴含着深刻的智慧，它不仅有助于家长更清晰地理解和处理生活中的各类事件，还能为培养孩子理性思维筑牢基础。

记叙文以其质朴的特性，要求我们完整记录或描述一件事的发生、发展过程，无须华丽辞藻与过度修饰，只需如实呈现事情的真实情况。对事实的尊重与还原，是培养逻辑思维和理性思维的第一步。当我们能以客观态度描述事情的发生、发展过程，不添油加醋、不掺杂个人意见、不歪曲事实，便为真正解决问题奠定了坚实的基础。

然而，现实生活中，我们常常容易陷入"主观的议论文"思维模式，如发表道德评论、添油加醋、掺杂个人主观意见等，甚至歪曲事实。尤其是道德评论，面对具体事情时过度牵扯道德，常导致逻辑混乱。道德虽是重要的价值体系，但在某些特定时候与事实未必直接相关，当我们急于对一件事进行道德评判时，可能会忽略真正的事实。

在养育孩子的过程中，如果我们处理事情时总陷入道德评论的纠葛和逻辑混乱，孩子也易受不良影响而有样学样。他们可能会用片面的方式看待世界，缺乏理性思考和客观分析。

学会用记叙文形式客观叙事，就是要让我们以具体事件中的事实为轴线去观察和描述。这需要我们冷静理智，不被情绪和成见左右。只有这样我们才能真正理解事情的来龙去脉，找到问题的症结，同时也能培养孩子独立思考、理性思考和分析问题的能力，让他们在面对复杂情况时能保持头脑清醒和思维清晰。

例如，当孩子与同学发生冲突时，我们不能仅从道德角度评判谁对谁错，应先了解事情经过，听取双方说法，然后客观分析其中原因和事实。也许孩子行为并非出于恶意，而是误解或沟通不畅导致的。通过这样的分析，我们可帮孩子认识到事情的真相，同时学会理解他人感受。这种以事实为核心的处理方式，不仅有利于孩子理清事实、化解矛盾，还能让孩子在这个过程中学会实事求是地解决问题。

此外，在养育孩子的过程中，我们还应引导孩子学会从不同角度看待事情。一件事情往往有多个方面，我们不能局限于一个视角。我们应让孩子尝试从他人视角思考问题，从事实角度思考问题，只有当孩子能全面考虑问题时，他才能做出更合理、更准确的判断。

在日常生活中，特别是面对一些复杂的场面时，事情的发生、发展过程格外重要。客观叙事、不发表道德评价、不添油加醋，是处理好这些事的前提。

5.3 说非常具体的话

5.3.1 少听高度概括的话语

在养育孩子的过程中，我们常常会听到诸如"教育的本质是唤醒"这般高度概括的话语。这些话语确实有着深刻的内涵，然而却让众多普通家长如同雾里看花，感到困惑与迷茫。养育孩子其实需要更多具体与详细的内容，只有这样的内容才能让普通家长和孩子理解，才真正具有可操作性。

请大家仔细琢磨下面这两段话。

（1）对于 0 ~ 6 岁的孩子，启蒙以及培养良好习惯是这一阶段的重要任务。在这个特定时期，家长需要不厌其烦地给孩子示范，从而让孩子能够在模仿的过程中逐渐养成良好的习惯，慢慢地在头脑中构建起相应的概念。启蒙的内容及良好习惯首先体现在行为动作方面，而后才会在头脑中形成概念，反过来并不成立，也就是说说教是没什么作用的，大道理对孩子也没有什么意义。

（2）当孩子迈入学校的大门之后，家长教给他的学习方法就显得至关重要。正所谓"工欲善其事，必先利其器"，是人利用工具去干活，而不是人直接去干活。实际上，是工具在发挥作用，人只是操控工具而已。就如同是汽车发动机推动车辆向前行进，而不是人，人只是操控汽车而已。对于学生，学习方法就如同工具。教孩子学习方法，帮助孩子熟练掌握学习方法，这就好比让孩子开上了汽车，他无须再徒步前行了。好的学习方法就如同汽车、飞机等，而差的学习方法就如同自行车。家长们应尽可能想办法找到好的学习方法，并不遗余力地将这些学习方法教授给孩子。

上面两段话相比那些简单的高度概括的话语，是否更好理解呢？是否更具有可操作性呢？

普通家长和育儿专家是不一样的，育儿专家要尽可能地将复杂问题用大白话非常清晰地描述后呈现在普通家长面前，让普通家长无须动脑子就能够清楚自己应该如何去做。"教育的本质是唤醒"这类话语，对普通家长是没什么用的，甚至很有可能将家长弄得晕头转向、不知所措。高度概括的话语，从表面上看字数很少，却让人难以理解，实际上就是把问题复杂化了。

与高度概括的话语相比较，大白话显然具备更强的可操作性。家长听了大白话能够非常清晰地知晓应该如何实施。那些高度概括的话语，家长应当尽可能少听，自己也切勿轻易地进行高度概括。唯有大白话式的教育方法，才能够助力家长更好地应对孩子成长过程中有可能遇到的各种问题。

家长应尽可能少听那些高度概括的话语，听到此类话语赶紧逃离；更不要传播此类话语，要尽可能多听大白话。

5.3.2 少说套话

在养育孩子的过程中，家长常常会说出一些不具备可操作性的套话。这些话语，往往模棱两可，还有歧义，孩子很难理解。以下是一些比较常见的例子。

（1）要有自信。

（2）要有耐心。

（3）要细心。

（4）要有责任心。

（5）要积极向上。

（6）要有良好心态。

（7）要好好学习。

（8）要听话。

（9）要珍惜时光。

（10）要多读书。

（11）要有礼貌。

（12）要团结同学。

（13）要勇敢。

（14）要坚强。

（15）要有理想。

（16）要有目标。

（17）要有行动力。

（18）要专注。

（19）要自觉。

（20）要自律。

（21）要努力。

（22）要提升效率。

（23）要自主学习。

请大家仔细看看上面这些话，例如，"要有自信"，孩子可能会疑惑：是不是父母觉得自己不自信，是不是父母觉得自己在某些方面做得不够好，怎样才能拥有自信？"要好好学习"，孩子也许并不清楚怎样做才算好好学习。像这样的套话，几乎不具备可操作性，几乎无法给孩子提供明确的指引，却很有可能把孩子搞迷糊了。

父母应该尽量避免说出这类套话，而要给孩子具体、明确的建议和指导。

（1）告诉孩子通过哪些具体行为来建立自信，比如学会某种方法、尝试新事物、面对困难不退缩等。

（2）详细说明好好学习的具体做法，例如熟练掌握学习方法、制订学习计划、认真听讲、先复习后写作业、按时完成作业等。

总之，在养育孩子的过程中，家长应尽可能学会说非常具体的话，说具备可操作性的话，尽可能避免套话。

5.4 逆向思维和群策群力

家长在养育孩子的漫漫长路中，一旦面临必须解决的问题，就需要拿出完整、具备可操作性的解决方案。究竟怎样才能拿出良好的解决方案？在这方面，相信你一定有自己独特的方式或方法。在此，我提两个建议供大家参考，即逆向思维和群策群力。

5.4.1 逆向思维

逆向思维，它是指每当自己产生一个想法后，随即去思考这个想法的反方向。例如，脑海中有了"数落孩子"的想法，那就紧接着思考"不数落孩子"会怎样。再如，脑海中有了"不想教孩子学习方法"的想法，紧接着思考"教孩子学习方法"会如何。每次思考都这样，把正向和逆向连起来思考。

人思考问题一般都用直觉，也就是脑子里已有的认知。但人不能过分依赖直觉，要多对直觉进行逆向思考，因为直觉很多时候并不可靠，有很强的局限性、欺骗性，欺骗的是自己，容易蒙蔽自己的双眼和心。直觉就是一开始就想到的、潜意识里的东西。逆向思维的其中一个含义就是"逆着直觉去思考"。

过度相信直觉，往往会导致自以为是、固执己见，会使自己无法深入理性地思考，导致对事情思考得不清晰，对事情的认识停留在浅层，继而错失很多机会。

人要怎样才能克服困难？关键在于取得突破。那要如何取得突破呢？我的建议是：每个人都要战胜自己的本能反应和直觉，简单有效的方法就是逆向思维。

很多人实际上活在本能反应和直觉里，并没有上升到真正的理性思考层面。理性思考的基本前提是进行逆向思考，人要通过逆向思考先战胜本能和直觉，从而制定出全面的解决方案。

不具备逆向思维的人，就只能在本能和直觉认知里打转，渐渐就会故步自封。

逆向思维的益处在于，能够帮你迅速找到解决问题的突破口。这就如同上山：前山上不去，就试试后山；后山上不去，就试试左侧；左侧上不去，就试试右侧。

例如，孩子不听话。逆向思维就是：① 我现在与孩子相处的方式是 A；② B 与 A 是相反的，我来尝试一下 B。

例如，孩子没有良好的习惯。逆向思维就是：① 我现在培养孩子习惯的方式是 A；② B 与 A 是相反的，我来尝试一下 B。

例如，孩子的学习成绩不太理想。逆向思维就是：① 我现在辅导孩子的方式是 A；② B 与 A 是相反的，我尝试一下 B。

例如，教孩子学习方法，效果不明显。逆向思维就是：① 我现在教孩子学习方法的方式是 A；② B 与 A 是相反的，我尝试一下 B。

人如果只依靠本能反应和直觉，永远打不开格局，难以成就大事，路也会越走越窄，直至没路可走。

5.4.2　群策群力

即便自己已经想好了解决方案，即便认为自己的解决方案完美无缺，还是应尽可能请教他人，群策群力。这么做最终的受益者是你和你的孩子。尽可能不要自己悄悄地就拿主意了，这样可以从根本上避免自己的空想带来的一系列不良后果。

向他人请教能够带来意想不到的收获。当我们在养育孩子的过程中遇到问题时，我们往往会凭借自身的想象去处理。然而，这种做法有时可能会使我们无法更全面、更深入地看待问题。而请教他人，就如同打开了一扇通向更多可能性的窗户。

他人的观点和经验犹如一颗颗珍贵的宝石，能够为我们的解决方案增添光彩。通过集思广益，我们能够汲取不同的智慧，拓宽思路。集思广益能让各种声音都有机会被听到，能够让我们更加客观地看待问题。群策群力能够让我们找到更有效的解决办法。

我有个朋友，他的名言是"本人无能，全靠众人"。他说自己无能，那只不过是自嘲，其实他的能力很强、本事很大，但是，他遇事都会群策群力，他能做到每逢大事有商量，虽然他学历不高，但是他的职场之路走得非常顺利。

请教他人，最终的受益者不仅是我们自己，还有我们的孩子。孩子也会从我们的行为中学会遇事请教他人、博采众长，这将对他的成长产生深远的影响。他会明白，在面对困难和挑战时，不要局限于自己的想法，要善于寻求帮助。

总之，在养育孩子的过程中，遇到事情之后，我们需要制订出良好的解决方案。一个良好的解决方案，可以通过运用逆向思维、群策群力的方式来获得。逆向思维能够让我们从不同的角度去审视问题，打破思维定式，从而发现新的解决途径，取得突破；而群策群力则可以汇聚众人的智慧和经验，让我们从多个维度去思考问题，使得解决方案更加全面、科学和可行。

5.5 家长的威信如何建立

5.5.1 父母的威信

在亲子关系中，"威信"这个词有着独特而深刻的内涵。正如词典所阐释的，它是威望与信誉的结合。然而，深入探究，我们会发现其意义远不止于此。

"威"这个字，在很多人的印象中往往与威严、威慑、威胁、威力、威逼等让人产生距离感甚至恐惧感的词相联系，就如同老虎发威般，令人望而生畏。但亲子关系里的"威"，不应如此解读。真正的"威"，是一种内在力量的展现，是父母的品质、修养和行为所散发出来的令孩子钦佩的气质。它不是通过严厉的呵斥、强硬的手段来让孩子屈服，而是在潜移默化中让孩子感受到一种值得尊敬和敬畏的力量。

而"信"，则是信誉、有情有义及做人做事的讲究。父母在日常生活中的一言一行都在诠释"信"字。信守承诺的父母，无论是答应孩子一起旅行，还是承诺每天陪伴孩子阅读，都会认真履行。这样的父母在孩子眼中是值得信任的。同时，父母在处理人际关系中的有情有义，对待家人、朋友的真诚态度，也会让父母成为孩子学习的榜样。当父母在生活中始终秉持一种积极向上、诚实守信的态度时，孩子心中便会逐渐对父母产生钦佩、信任、敬重乃至敬畏之情。

威信，从根本上来说，主要源于父母的人格魅力。这种人格魅力就像一朵盛开的鲜花，它的芬芳弥漫在家庭的每一个角落。孩子就像蜜蜂，被这种迷人的芬芳所吸引，主动向父母靠近。

例如，在家庭会议中，父母以平等、尊重的态度与孩子交流，认真听取孩子的想法和意见，然后根据自己的经验和智慧提出合理的建议。在这个过程中，孩子感受到了父母的尊重，同时也看到了父母处理问题的方法和能力。孩子感受到了父母的人格魅力，这便是威信的一种体现。再例如，父母在社区中积极参与公益活动，展现出善良和责任感，孩子会以父母为荣，并且在内心深处种下善良和责任感的种子。

然而，父母想要建立和维护这种威信并非易事。父母需要不断提升自我，在道德品质、内心修为、知识素养、行为举止、学习能力等各个方面都要成为孩子的楷模。同时，父母也要把握好尺度，不能让威信变成一种压抑孩子个性发展的权威。父母要给予孩子足够的空间去探索世界、表达自我，在孩子犯错时，以温和而有力量的方式引导他们认识错误、改正错误。上述"学习能力"，意思是"孩子需要什么，父母很快就能学会什么"，孩子想吃酸菜馅儿饺子，父母很快就能学会包酸菜馅儿饺子；孩子需要某种学习方法，父母很快就能学会某种学习方法，并能够教给孩子，给孩子做示范。

总之，父母的威信是一种宝贵的家庭财富。它建立在父母对"威"和"信"的正确理解和践行之上，父母凭借人格魅力吸引着孩子，这在孩子的成长过程中发挥着不可替代的重要作用。

5.5.2 家长怎么建立威信

我认为，家长只要做到下面这几条，威信自然而然就会建立起来。

（1）有情有义、善解人意。在孩子的小小世界中，父母的理解与关爱恰似那和煦的阳光，温柔地洒落在他们的心上，带来无尽的温暖。当孩子遭遇困难之际，父母能够认真倾听他们的烦恼，给予他们有力的支持与暖心的鼓励，让孩子深深感受到那份温暖情意。

（2）公正、公平，讲理、讲礼，父母犯了错误敢于承认。当父母能够以身作则、遵守规则，犯了错误敢于承认时，孩子也会在潜移默化中学会诚实与担当。

（3）包容孩子、尊重孩子、关心孩子、支持孩子，能为孩子排忧解难，让孩子感觉有坚实的依靠。父母的包容与尊重，就像一座避风港，为孩子遮风挡雨。孩子在外面受到委屈时，能够回到父母的怀抱，感受到那份无条件的爱与支持。

（4）守信。说到做到，言行一致。父母若能够兑现自己的承诺，孩子也将学会诚信与负责。

（5）有担当，敢担当，负责任，让孩子觉得可依赖。父母的担当与负责，能够给予孩子安全感。当孩子遇到困难时，能够看到父母坚定的身影，感受到那份勇往直前的力量。

（6）全心全意、毫无条件地为孩子付出。父母的无私付出，就像一股清泉，滋润着孩子的心田。当孩子感受到父母那无尽的爱时，他将学会感恩与回报。

（7）不控制、不强加、不逼迫。当孩子能够按照自己的意愿去探索世界时，他将学会独立与自信。

（8）懂得与孩子相处，情感融洽、沟通顺畅、亲密无间。当父母能够与孩子坦诚相待，分享彼此的喜怒哀乐时，孩子也会在这份亲密中茁壮成长。

（9）遇到事情不慌乱，有思路、有对策、不抱怨、不推责，让孩子感觉父母攻坚克难、无所不能。当孩子看到父母在困难面前从容不迫时，他也将学会勇敢与坚强。

5.5.3 家长交流实录

家长: "老温, 我儿子特别反感我批评他。那一刻, 我的心中充满了无奈与困惑, 不知道该如何与孩子沟通。"

老温: "在培养孩子的过程中, 家长要尽量做到管事不管人。家长和孩子之间产生的冲突, 几乎都是'管人'导致的。"

家长: "老温, 怎样才能做到管事不管人呢?"

老温: "每句话都不涉及人, 只涉及事。关注点只在事情和具体事实层面, 不涉及某个人。例如, 当发现孩子字写得不好看时, 家长应怎么做? 不要批评孩子, 孩子字写得不好看, 这并不是孩子的问题。字写得好不好看, 跟人无关, 而跟写字方法、握笔姿势、手腕力量以及练习时间长短有关。任何时候都要'管事不管人'。发现孩子字写得不好看, 那就继续教孩子写字方法、握笔姿势, 带着孩子多练习写字。'管人'就是'人治'; '管事'是'法治'。"

家长: "我之所以批评孩子, 是因为他根本就不制订计划, 我不知道该如何让孩子养成制订计划的习惯。"

老温: "你自己知道怎么制订计划吗? 你每天有计划吗? 你教过孩子怎么制订计划吗? 在制订计划、执行计划方面, 你给孩子树立榜样了吗?"

家长: "这下把我问住了……"

老温："我觉得，你所说的很可能不仅是计划的问题，也不仅是管孩子的问题，很可能是家长的威信问题。"

家长："嗯，确实是威信问题，说话一点儿都不管用，这该怎么办呢？"

老温："要求孩子做到的，家长首先要做到。家长想要在孩子面前建立威信，建议先尝试制订计划吧。"

家长："是方法不对，所以老是唠叨，引起孩子反感，还会发生争执。谢谢老温！您说得对，制订计划会让家长轻松很多。我女儿之前写作业总拖拖拉拉，我教会她制订计划后，她轻轻松松就把作业写完了。现在我按照您的方法，把用在我女儿身上的方法再用到我儿子身上。"

老温："家长自己先要有计划，先教会孩子制订计划的方法，然后让孩子自己制订计划，家长适当帮忙即可。靠计划管理就是'法治'。家长要依靠计划进行管理，而不是依靠时刻盯着孩子，更不是唠叨。"

家长："好的，知道了。谢谢老温！"

5.6 两代家长如何协调

5.6.1 两代家长之间

在养育孩子的过程中，如果有老人帮忙，年轻父母会轻松很多。然而，两代家长之间，多多少少还是有观念上的差异的。通常来讲，姥姥姥爷的教育观念往往容易与妈妈的趋于一致，而爷爷奶奶的教育观念常常会跟爸爸的趋近同步。这或许是长久以来的相处模式以及观念传承所引发的。然而，真正的难题在于怎样让爷爷奶奶的观念与妈妈的观念协调起来，以及如何让姥姥姥爷的观念与爸爸的观念相契合。

我们需要留意的是，这里提及的是"观念"而并非"方法"。观念，常常带有空想的意味，存在不现实的成分；方法，则必须有清晰明确的流程，是可以通过实践检验其效果的。

倘若我们能够将这些存在于脑海中的观念进一步转化为可操作的方法，也就是将其转变成能够检验其效果的客观操作步骤，或许协调的过程会变得相对容易一些，就像将虚幻的梦境变为现实的蓝图。

为了达成更好的协调，首先，双方应尽可能沟通协调具体方法，而不是观念。双方需要构建起开放且尊重的沟通氛围，应该秉持理解和包容的态度，去聆听对方的具体方法，而不是聆听对方的观念，更不是急于否定和争执。

有了明确的方法之后，接下来只要尝试着去做即可。方法究竟怎么样，实践出真知。无论是谁提出来的方法，实践中没有效果的，或者效果不明显的，只能舍弃。其中不存在歧视问题，也不存在脸面问题。

同时，我们也可以尝试引入一些专业的教育理念和方法，让大家拥有一个共同的参考框架，例如，两代人都采用中国著名儿童教育家、儿童心理学家陈鹤琴的孩子养育方法。

普通家长养育孩子的方法，一般都比较碎片化，几乎都是口口相传，没有完整系统的文字版本。这其实就是两代人之间沟通的最大障碍，问题的关键在"说"上，把要交流的内容完整系统地写出来，或许能让人一目了然。专业的教育方法几乎都有完整系统的文字版本，让人可以反复斟酌讨论。

如果彼此协调存在困难，那就通过文字或者录音来协调，而非口头协调。说过的话，谁也记不住，谁也不清楚准确意思，也可以不承认。把自己的想法写出来，或者录音，采用了谁的想法，谁就承担责任。如果有效，就继续采用；如果无效，就舍弃。

其实，最终采用了谁的方法并不重要，重要的是要让孩子真正受益，真正解决问题。事实胜于雄辩，实践是检验方法的唯一标准。

例如，妈妈期望爷爷奶奶怎样做，那就明确写出具体的流程，或者录下来。当年轻父母给老人布置任务时：

（1）尽可能要有明确的流程，否则，老人可以拒绝执行；

（2）含糊不清的，老人可以拒绝执行；

（3）仅有大概想法的指令，老人可以拒绝执行；

（4）最好写下来，或者录音，老人可以反复看、反复听，一条一条地依照执行。如果老人依照执行了，依旧没有达到年轻父母想要的效果，老人不承担丝毫责任。

5.6.2　遇事多思量成本、代价

在日常生活中，不管是买房子、汽车，还是购买一件小小的东西，我们都会自然而然地去考虑性能和成本，无比注重其性价比。在养育孩子的过程中，我们是不是同样应该深入思索这一关键问题呢？

当我们和老人产生冲突时，很可能会引发一系列后果。老人一气之下回老家了，这时，我们就既要上班，又要买菜做饭，还要接送孩子、辅导孩子，忙得不可开交，哪件事都有可能做不好，自己纠结、焦虑，孩子也跟着遭殃。这样的成本和代价，是否在我们的承受范围之内呢？我们真的要好好想一想。

反过来，老人也需要考虑成本和代价。孩子因为老人的离开而遭受损失，这是老人愿意看到的吗？老人又怎么舍得让孩子受苦呢？

这提醒我们，在处理家庭成员间那微妙而又重要的关系时，每个人都要小心谨慎，充分考虑成本和代价。

实际上，不管是养育孩子还是工作，我们在行动之前都应充分思考行为的后果，不能为了一时的痛快而忽视了潜在的成本和代价。我们要学会权衡利弊，寻找更为合理和妥善的解决办法。

5.7 从小培养脑力劳动习惯

5.7.1 脑力劳动者的行为习惯

大家普遍期望孩子能考上大学，尤其是像 985/211 这类令人向往的大学，我想应该没有人不希望自己的孩子考上大学吧。当孩子考上大学后，他今后大概率会从事脑力劳动。脑力劳动有一些独特的基本行为习惯，这些习惯需要我们在孩子小的时候就让他养成。这是一份爱的馈赠，也是能够帮助孩子开启成功之门的钥匙。我认为孩子应从小养成以下基本行为习惯。

（1）需长久坚持文化学习，大量阅读各类书籍，尤其是要无目的地阅读，做到生命不止，阅读不停。每读一本书都有明确目的，是一种投机，投机想法无法支撑未来长达几十年的阅读。

阅读的意义主要是启发思考，从多视角看问题，并不是评判对方说得对不对。

我们在阅读时，常常会遇到不同的观点。有时，我们会觉得他人的观点与自己的观点相左，进而产生反感甚至气愤的情绪。这绝非正确的阅读之道。

古人云："兼听则明，偏信则暗。"我们应当明白，不同的声音往往能为我们拓宽视野。就如苏轼所言："横看成岭侧成峰，远近高低各不同。"看待问题的角度不同，所得出的结论也会各异。当我们面对不同观点时，切勿急于反驳，不妨静下心来，从多个视角去审视问题。

也许对方的观点在我们眼中并非完全正确，但这并不是关键，重要的是，我们能够通过对其观点的思考，拓展自己的思维边界，丰富自身的认知。

处于这个信息爆炸的时代，我们每日都会接收海量的信息。倘若我们一味接纳自己认同的观点，而排斥其他观点，那么我们的思维必然会变得越发狭隘。

所以，我们应以更为开放的心态去阅读，接纳不同的观点。让每一篇文章都成为我们思考的起点，而非情绪的导火索。这不仅是阅读的意义，也是阅读的境界。

（2）要让学习和积累文化知识成为日常生活中的重要组成部分，成为一种生活方式。

（3）养成动笔习惯，如写随笔、摘抄摘录等，边写边思考，而非只是看和想。动笔有助于思考，做记录有助于记忆。

（4）养成保存、整理文字档案的习惯，并学会运用文字档案。这能让孩子在需要的时候随时找到宝贵的资料。

（5）提高效率而非单纯延长学习时间。脑力劳动关键在于方法、技巧等，在于效率，而非单纯的努力。

（6）过程不可省略，注重过程而非过分关注结果。过程是成长的足迹，能让孩子有所收获。

（7）不要害怕重复。比如教师讲课一门课讲几十年，医生写不同的病历也会重复写很多内容，教师和医生都是典型的脑力劳动者，因此，重复是脑力劳动的特点和要求。表面看是重复，但每次重复与前一次不同，大框架重复，小细节不重复，重复中有提升。

（8）遇到事情分三步走：先整体分析事实，再制订解决方案，然后实施。要先谋划，再设计蓝图，然后实施。例如，建大桥，要先有规划，再设计蓝图，然后按图采购和施工；做手术，要先分析病情，再制定方案，然后进行手术。

三步走的每一步都要群策群力，不能一个人悄悄地就把方案定下来了，每一步都要经过他人检查、审核、批准。

道理清楚了，那家长应怎么教孩子呢？家长自身要具备一定的脑力劳动行为习惯，给孩子做示范，让孩子模仿。通过上学和求知，体力劳动思维向脑力劳动思维转变，这是人类进步的标志之一。脑力劳动思维的核心是"方法和工具"，方法第一，工具第二，若顺序颠倒就是体力劳动思维。

对于体力劳动、简单劳动，如铲土、扫地、提水、割麦子等，压力可转化为动力；对于学习、科研、设计、创新等复杂脑力劳动，如果不懂方法、没有工具，压力只会让孩子感到痛苦。

家长在思考怎么激发孩子的学习动力前，要先明确孩子当下从事的劳动的性质。若是铲土、扫地、提水、割麦子等劳动，那家长就主要提升孩子的积极性、自觉性。若劳动是学数学，那家长就教孩子数学学习方法、数学学习流程、解题过程五步法。若将体力劳动思维用于脑力劳动就南辕北辙了。

5.7.2　依据正确的方法做事

究竟是"做正确的事"还是"依据正确的方法做事"？两者都没错，但需视情况而定。在孩子成长的道路上，我们常常面临着这样的选择。

对于简单的体力劳动，事情正确与否一目了然，我们能轻易判别，如下楼提水、去超市买盐等，这属于"做正确的事"，做这些事无须先搞清楚方法，也不需要工具，更不需要动脑子，直接去做即可。

而对于脑力劳动，其结果正确与否我们无法在做之前即刻判定。就像孩子的学习、科研等，只能按照正确的方法做事。孩子做这些必须先找到正确的做事方法，然后依照正确的方法一步步落实。关键是保证方法正确，最后得到什么结果就是什么结果。

简单的体力劳动是"做正确的事"，复杂的脑力劳动只能是

"依据正确的方法做事"。

教孩子，不管是启蒙、培养好习惯，还是教学习方法，都可被视为脑力劳动，只能是家长先系统化地学会正确的方法，然后按照正确的方法去教孩子，要先备课，再依照课件教孩子。

5.8 养育孩子，重在过程

5.8.1 流程合规

我觉得，我们在工作中，尽可能不要让他人在自己的做事流程上挑出毛病，这就是流程合规。

流程往往是显而易见的，几乎每个单位都有做事的流程。做事的流程是否合规我们能轻松判别，然而，事情的结果是否正确我们难以预测。

我们应尽可能紧紧盯着流程是否合规，而少盯着结果是否正确。只要保证做事流程合规，即便结果错误也与我们无关。我们要靠流程的合规保障结果的正确性，而非仅靠自己的态度、能力和努力。

在养育孩子的过程中，家长首先要清楚自己该做的任务，对每件事都整理出操作流程，这其实就是确保流程合规。例如，教孩子学习方法，家长先学会学习方法就是流程合规，给孩子反复示范学习方法也是流程合规，教孩子学习方法达几十次、上百次依然是流程合规。如果家长没有这么做，那就是流程不合规。

我们对自己曾经的那些不尽如人意的事情进行复盘可以发现，绝大多数是我们没有确保做事的流程合乎规范导致的。在做事的过程中，如果我们能够更加严谨地对待每一个环节，严格遵循正确的流程，那么很多不尽如人意的结果或许就可以避免。我们应当从过往的经历中吸取教训，在未来的行动中确保流程合规，以提高成功的概率。

5.8.2 重在过程

家长们在交流探讨孩子的养育问题时，常常聚焦于结果，例如孩子的学习成绩、排名以及行为举止等。然而，家长若想要获得理想的结果，仅仅盯着结果是不行的。家长正确的做法应该是以关注过程为主、关注结果为辅，也就是更多地关注孩子养育方法的具体实施过程。在此过程中，家长需要明确自身的职责，尽可能在每一个环节都集中精力。

养育孩子犹如包饺子，重点在于包饺子的过程，而非对煮好的饺子进行品尝和评价。一盘煮好的饺子，仅用一两分钟就能够完成品尝与评价。然而，制作一盘饺子却需要历经相对漫长且复杂的过程，其中包括整体策划、采购食材、调制馅料、和面、擀皮、包饺子、煮饺子以及调蘸料等诸多环节。每个环节都有可能对最终的结果产生影响，只要有一个环节没有把握得当，那么饺子就不一定会美味可口。养育孩子亦是如此，只要有一个环节没有处理好，其结果就不一定尽如人意。

在养育孩子的过程中，家长应尽可能少盯着结果，而是要将注意力聚焦于每一个环节。例如，当孩子的数学成绩不尽如人意时，家长首先应带领孩子一同仔细检查数学学习流程中的每个环节是否真正得以落实。通过对流程的审查，家长能够更好地了解孩子的数学学习状况，找出成绩下降的真正原因，进而为他提供适宜的帮助。

家长仅仅盯着结果，尤其是盯着不佳的结果，不但无法找出问题产生的真正原因，也制订不出真正能解决问题的方案，只会让自己和孩子陷入纠结、焦虑乃至崩溃的状态。

5.8.3 掌控过程，成就结果

我们所能做到的往往只是掌控过程，结果本身很难被直接掌控。无论面对何种事情，我们都应注重过程，若一味盯着结果，必然陷入纠结、焦虑之中。

对于普通老百姓而言，真正的智慧在于建立 "过程重于结果" 的思维模式。关注过程犹如一支精心编排的舞，每个动作都由自己设计且掌控。通过专注于过程，我们能够全身心地投入每一个细节之中。对过程的重视、了解以及掌控，将教会我们分析与解决问题的方法，让我们学会将一个大问题分解为几个小问题，进而找到对应的方法和工具，各个击破。这个过程也培养了我们的耐心、毅力与坚韧精神，使我们在面对困难和挑战时能够坚持不懈。

掌控过程能让我们拥有更多主动权。我们可以通过精心规划、努力工作以及持续学习等来影响结果。当我们把注意力集中于过程时，就能更好地管理时间、资源和精力，从而提高成功的可能性。

第

6

章

避开孩子养育中的陷阱

BIKAI HAIZI YANGYU ZHONG DE XIANJING

6.1　人前不教子

　　在养育孩子的过程中，我们怀揣着无尽的美好期望，努力为孩子创造健康的成长环境。然而，稍不留意，我们就可能陷入各种养育陷阱，给孩子的成长带来不良影响。为了孩子能够健康快乐地成长，我们要时刻保持警惕，小心翼翼地避开养育陷阱。

6.1.1　人前不教子概述

　　家长："老温，我想就刚才发生的状况向您咨询一下。我的儿子现在 3 岁多，中午我带他下楼去玩，有个小朋友带了 4 只小鸡，其他小朋友都在看小鸡，结果我儿子把鸡笼子抱起来摔在地上，还把笼子给摔坏了。我当时特别生气，平日里一直都在强调不要乱动别人的东西，在家里也进行过角色模拟。今天我对他说 3 天不许下楼玩，以此作为他乱动别人东西还摔坏的惩罚，不知道这个惩罚是否恰当呢？后续他再出现这类行为我又该如何应对呢？谢谢您，麻烦您指点一下。"

　　老温："先说说你生气的缘由。"

家长："他这样做可能会让别人觉得他很没家教，我也觉得脸上无光，可我们真的教育了很多回，在家里也示范过了，怎么感觉自己的付出都没效果呢？"

老温："咱们先复盘。我先问你，孩子抱起鸡笼子那一刻你在做什么？"

家长："我没注意。等我回过头来，事情已经发生了。"

老温："请你仔细想想，事情发生前，你在做什么？你觉得带孩子出来玩，你的注意力应该放在哪里？这还好是鸡笼子，如果是狗笼子，从里面蹿出来一条狗，扑向孩子，你觉得接下来会发生什么？"

家长："我也不知道。"

老温："事情发生后，我认为，首先应当平息事态。平息事态的本质就是掌控局面，把控事态的发展。平息事态并非软弱无能，而恰恰体现了能力与智慧。换作我，我会按以下方式处理这件事。

（1）拉住自己孩子的手，告知孩子：别怕，爸爸来处理。这就是平息事态。孩子把人家的东西摔了，周围的人必然会投来异样的目光，或许还会有奇怪的声音，3 岁多的孩子，毫无疑问会害怕。在这个时候，父母就如同孩子的避风港，给予他们温暖和安全感。

（2）赶紧向人家致歉，询问价格并予以赔偿，或者承诺给人家买一个新的。要给人家道歉的是大人，而非逼着孩子去道歉。

（3）不要责怪孩子，不要批评孩子。事情已经发生了，责怪孩子没有用。平息事态后，带着孩子离开就好。回到家后，也不要批评孩子，尽快想办法转移话题，让孩子的情绪平复下来。如此，这件事情便算是过去了，就此翻过这一篇。

总之，在发生状况的那个时刻，你不要当众对孩子进行任何批评教育和惩罚。让孩子平静下来，平息事态才是关键所在。永远牢记：人前不教子。回到家后，也不建议立刻教育孩子。

（4）过几个小时后，再将这件事轻描淡写地重新提起，和孩子一同分析，慢慢地让孩子认识到自己的问题，而非说教。

（5）教育孩子，并不是你在人前批评就能把孩子教育好的，并不是出现问题后你惩罚孩子就能把孩子教育好的。你说你在家既强调又示范，为什么没有效果呢？说明你的方法不当，或者教孩子的次数不够，责任还在家长身上。一个3岁多的孩子，无须承担丝毫责任。

（6）带一个3岁多的孩子出门，你的注意力一刻也不能离开孩子。带孩子出门，应把手机调至关机或静音状态，尽可能不要看手机。无论谁带孩子出门，无论孩子出现任何问题，责任都在家长身上，不要将责任推到孩子身上。"

家长："明白了。我试试看。谢谢您！"

6.1.2　孩子打翻牛奶后

在孩子的成长过程中，一件看似微不足道的小事，都可能产生深远影响，孩子"打翻餐桌上的牛奶"这件事便是如此。父母面对此情景时的所言所行，会在孩子心中留下深刻印记，并伴随其一生。这就如同在孩子的心灵画布上画画，父母的每一笔都至关重要。

倘若父母能预料到孩子可能会打翻东西，提前耐心教会孩子取牛奶的方法，或许 "事故"就不会发生。这类事，有经验和能力的父母是能够预测到的。

"事故"发生后，如果父母选择以温和态度帮孩子处理，那么孩子将会体悟到：即便犯了错，依旧能被接纳，依旧有人愿意相助。如此，孩子内心就不会被害怕和无助充斥，今后在与他人相处时，也会养成主动帮他人化解尴尬的善良品性。

然而，若父母即刻发火，孩子的内心会受到打击，他会觉得犯了错就不再被接纳，也不会获得帮助。这种认知会使孩子在日后生活中，每当面对错误时都深感恐惧与无助。连最亲近的父母在自己尴尬和窘迫时都不伸出援手，那在与他人相处时，他自然也不会考虑主动帮他人化解尴尬。我们的冷漠和严厉会在孩子的心中留下一道深深的伤痕，让他在成长的道路上充满痛苦和困惑。

更有甚者，有些父母选择责备、谩骂与惩罚，这可能会让孩子陷入深深的自责中，今后，他会选择逃避或否认错误，拼命找借口，而在对待他人错误时也可能变得极为苛刻。

有的人总想让孩子陷入自责，以此来达到惩罚和控制孩子的目的。然而，这种做法极不可取。通过让孩子自责来达到控制目的，会给孩子带来一系列极为严重的负面影响。

其一，孩子很可能会背负起沉重的心理负担，长期处于自我谴责的压力之下，这极易引发焦虑、抑郁等心理问题。他的内心世界会被阴霾所笼罩，失去童年本应有的快乐与活力。

其二，孩子会渐渐丧失自信，他会不停地怀疑自身的能力与价值，进而变得胆小怕事。在面对新的挑战和机遇时，他会因害怕再次犯错而陷入痛苦，从而不敢尝试。

其三，这种方式会严重破坏亲子关系，孩子会对父母产生恐惧和疏离之感，不再愿意与父母进行沟通交流，信任也会随之逐渐瓦解。

从长远来看，以这种方式培养出来的孩子可能会缺乏独立思考和自主决策的能力，因为他总是在迎合他人的期望，以避免陷入自责，而并非依据自己的内心去做出选择和行动。

在现实生活中，有些孩子犯了错误不愿意承认，更不愿意道歉，很可能并不是孩子的问题，是家长过于严苛造成的。

所以，父母应时刻警醒自身，留意自己的言行，以积极、正面、温和的态度面对孩子的每个小错误。

实际上，"餐桌上的牛奶确实是孩子打翻的"，但责任在于家长。家长本就应该预先考虑到孩子有可能"打翻餐桌上的东西"，本就应该提前采取措施，包括提前教孩子如何"取牛奶""预防打翻"等。若家长没有考虑到这些，没有提前教孩子，就说明家长做得并不合格。

6.2 孩子无错

6.2.1 孩子犯错是在给家长机会

在养育孩子的过程中，我们应秉持这样一种观念：孩子向来无错。这绝不是要放纵孩子的错误行为，而是要从更深层次、更高维度去理解与对待孩子。

孩子犯错其实是在提醒家长：这部分内容，孩子还未能熟练掌握，还需家长进一步下功夫教孩子，还需家长调整养育方法，还需家长不断教孩子做好这件事的方法。

孩子犯错其实也是在给家长机会：给家长发现孩子薄弱之处从而有针对性地进行强化训练的机会；给家长进行弥补的机会，避免家长在未来某一天深感后悔和惭愧；给家长重新来过的机会，让家长能够反思和检查自己的教育方式是否恰当。

当我们察觉孩子有错时，不应第一时间去指责与批评，而应仔细调查研究，搞清楚孩子出错的原因，反思孩子为什么会在这个地方出错，自己是否未教会孩子具体该如何去做、是否教的方法不当、是否教的次数不够。

　　孩子生来如同一张洁白无瑕的纸，其行为和认知在很大程度上取决于家长的引导和养育方法。倘若孩子未达到我们所期望的那样，或许是我们的教育方法不够完善，或许是我们给予的指导不够明晰，或许是我们教孩子的次数不足。

　　所以，我们需要耐心地再教一次，多教几次。教孩子某个行为，是一个不断重复的过程，不是一蹴而就的事。在此过程中，我们应始终专注于教给孩子正确的方法，而不要把重点放在评价、挑错、纠错上。

　　通过不断重复教正确的方法，我们助力孩子建立起正确的行为模式，他将在这个过程中逐渐学会应对各种情况，懂得如何做出正确的行为。以这种养育方式培养出的孩子，会更有自信，更乐于去尝试和探索，因为他知道即便犯错，家长也会耐心指导和引导他。

　　同时，这也有利于构建良好的亲子关系。孩子不会因害怕犯错而不敢行动，而会在我们的支持下勇敢迈出每一步。我们要清楚，孩子的成长是一个渐进的过程，他不可能永远不犯错，而我们的责任就是在他犯错时给予正确的指引和一次又一次的指导。

6.2.2　他人没有缺点

　　他人没有缺点，他人只有特点。无论他人有怎样的行为表现，我们都不能依据自己的标准去评判他人。相反，我们要以他人所展现的每一个实际情况作为客观变量来构想我们的解决方案。

也就是说，他人所呈现的一切特征，都仅仅是我们解决方案中的一个客观变量而已。例如，当他人很自私时，我们不能将他人的自私视为错误或道德缺陷。在制订解决方案时，我们要把他人的自私当作一个客观变量纳入其中。

假设在一个团队中，有一个成员表现得较为自私。此时，如果我们一味指责他的自私，或者试图强行改变他，可能会引发更多矛盾和问题。倘若我们认识到他的这一行为特点是一种客观存在，那么在规划工作安排和制订利益分配方案时，充分考虑到他的这一特点，通过合理的制度设计，避免他的自私对合作项目的干扰，或许就能顺利推进项目，避免不必要的冲突和阻碍。这就像在大海中，我们驾驶着一艘智慧之船，巧妙地避开每一个暗礁，而不是试图消灭每一个暗礁。

很多时候，即便他自私，我们也别无他选，必须要用他。就算不用他，临时找人，也可能会面临新的难题或困扰。任何时候都不能奢望外部条件非常理想。

在各种关系和事务中，尤其是在处理复杂的人际关系时，这种思维方式有着非常重要的意义，这能让我们避免无端指责和冲突，能让事情更加顺利。

因此，家长应及早认识到：他人没有缺点只有特点，以他人客观存在的行为为变量去设计解决方案，其实就是实事求是。

6.3 孩子不听话怎么办

在养育孩子的过程中，有时会出现孩子不听话的情况，家长普遍比较头疼。我认为出现这种情况的原因如下。

（1）孩子 0～6 岁时，家长并没有亲自教孩子基本常识，或者这方面的启蒙做得不太好。孩子大脑中的"操作系统"并不是家长安装的，孩子很可能并不是家长亲自带的，所以孩子跟家长不合拍。想象一下，在孩子最需要引导的关键时期，没有家长的悉心启蒙，孩子跟家长不同频或者不合拍，他怎么可能听家长的话呢？

（2）家长并没有下足功夫给孩子培养良好的习惯和规矩，或者这方面做得不太好。

（3）家长之前有过不兑现承诺的情况，比如答应带孩子去游乐场却屡次爽约，这让孩子对家长的话产生怀疑，觉得家长并不可靠，从而不愿意听从。一次次的爽约，让孩子失去了对家长的信任。

（4）家长总是说教，一件事情说很多年，让孩子的耳朵都快起茧子了，这会让孩子产生厌烦情绪，久而久之，孩子就会对家长的话充耳不闻。

（5）家长过于专制，在很多事情上都不尊重孩子的想法和意见，总是强行让孩子按照自己的意愿去做，孩子内心会产生抵触情绪，进而不愿意听从家长的安排。

（6）沟通方式不当，家长总是用命令式的语气说话，例如"你必须这样做"，这种强硬的态度会让孩子难以接受，从而对家长的指示不予理睬。

（7）家长没有做好榜样，比如要求孩子不能玩手机，自己却整天抱着手机玩，孩子会觉得不公平，自然也不会听从家长的话。

（8）孩子正处于叛逆期，渴望独立和自主，本能地想要反抗家长的束缚，会故意跟家长唱反调，以显示自己的个性和主张。

（9）家长对孩子期望过高，给孩子布置了过多超出其能力范围的任务，这给孩子带来巨大压力，孩子可能会选择不听从家长的话来逃避这种压力。

（10）家庭氛围不和谐，比如父母经常吵架，这会让孩子内心感到不安和焦虑，在这样的环境下，孩子往往不愿听从家长的教导。

（11）家长不了解孩子的兴趣爱好和需求，总是按照自己的想法给孩子提供建议，这些建议往往不切实际，孩子当然不会听从。

（12）孩子觉得家长不理解自己的感受，当孩子向家长倾诉时，家长不能给予有效的回应，这会让孩子觉得与家长之间有隔阂，他也就不会听从家长的话。

（13）家长经常批评指责孩子，对孩子做的任何事情都能挑出毛病，这会让孩子失去听家长的话的动力，因为他觉得反正怎么做都不对。批评就像一场冰冷的雨，浇灭了孩子的热情。

（14）家长的观念过于陈旧，与孩子所处的时代和环境脱节，家长无法理解和接受孩子的一些想法和观念，这会导致孩子与家长之间产生分歧，孩子也就不愿意听从家长的话了。时代在进步，家长也需要与时俱进，才能与孩子共同成长。

（15）孩子有自己的主见和想法，而且与家长的意见不合，在这种情况下，孩子会更倾向于坚持自己的观点，而不是听从家长的安排。

（16）家长没有给予孩子足够的关注和爱，孩子会用不听话来引起家长的注意，希望家长能够更加重视自己。

（17）孩子有过听从家长却遭遇不好结果的经历，比如听从家长的建议选择了某个兴趣班，却发现自己并不喜欢，这会让孩子对家长的话语和能力产生怀疑，从而不再相信家长。一次不好的经历就像一道阴影，笼罩在孩子的心中。

（18）家长在公共场合批评孩子，没有考虑孩子的自尊心，这会让孩子感到愤怒，进而不愿意再听从家长的话。

以上原因仅供家长参考，有则改之无则加勉。孩子不听家长的话是一种复杂的现象，这要求家长务必认真反思并改进自身的养育方式。

我在此提醒家长一点：孩子不听话，主要责任往往在于家长。倘若家长认识不到这一点，总是将责任推卸到孩子身上，且自身不能主动做出改变，那么孩子会越发不听家长的话。

即便责任确实在孩子身上，家长也需要主动做出改变，因为家长作为成年人，在亲子关系中处于引导者的地位，只有家长先做出积极的调整，才能更好地影响孩子，带动孩子认识到自身的问题并做出改变。同时，家长主动改变也体现了对孩子的关爱和负责，能够为孩子树立良好的榜样，促进亲子关系的良性发展。

6.4 要不要"鸡娃"

6.4.1 什么是"鸡娃"

当下，"鸡娃"现象备受关注且充满争议。到底要不要"鸡娃"呢？这个问题就像一团迷雾，笼罩着无数家长的心，致使他们陷入深深的纠结与困惑之中。

2021 年 12 月，《咬文嚼字》发布 2021 年度十大流行语，"鸡娃"在列。"鸡娃"来源于谐音"激娃"，取其激发孩子潜能之意，常用于称呼一些被家长报了各种培训班的孩子。

家长不遗余力地"鸡娃"，试图通过这种方式让孩子在激烈的竞争中脱颖而出，为孩子的未来铺设一条看似光明的道路。这种心情完全可以理解。然而，"鸡娃"真的有效果吗？如今，"鸡娃"之积极效果未见得有多少，父母与孩子身心俱疲则是无法否认的现实。显而易见，"鸡血疗法"是不科学的，拔苗助长的"鸡娃"也是不值得提倡的。

与"鸡娃"相对的是孩子自主学习。一提及自主学习，很多人会错误地认为孩子有积极性、内驱力和自觉性，实则不然。自主学习，核心意思是孩子在学习层面不需要家长操心。

孩子之所以能自主学习，不需要家长操心，主要原因是熟练掌握了学习方法。孩子没有熟练掌握学习方法，没有攻坚克难的工具，就算愿意主动学，也不见得能学进去，还得家长操心。

孩子的学习属于脑力劳动，是个复杂的过程，从不会到会，尤其需要"工具箱式"学习方法。只有拥有合适的学习方法，孩子才能真正学进去，获得成就感，从而产生兴趣和主动性。家长不教会孩子学习方法，不让孩子运用学习方法去攻克难题，而是一味地关注孩子的积极性、内驱力和自觉性，其实就是因为家长具有体力劳动思维，而体力劳动思维并不适合孩子学习这个脑力劳动。

具有体力劳动思维的家长，往往会习惯性地选择"鸡娃"，因为他们不认可学习方法和学习效率对学习成绩的重要性，更不懂得好的学习方法能极大地提高学习效率，他们始终认为"多学、多做题、提前学、延长学习时间"才是提升学习成绩的根本途径。在这种思维的影响下，孩子童年的快乐就逐渐被剥夺了，本应充满欢声笑语的时光，被无尽的学习任务所占据。关键是，这会使家长和孩子都很累，钱和精力没少花，但依然没什么效果。

6.4.2 完全没必要"鸡娃"

我觉得，"鸡娃"是个伪命题，就像一座虚幻的城堡，看似华丽，却经不起打击。

"鸡娃"无非就两条路，一是家长自己"鸡娃"，二是通过补课班"鸡娃"。

先说说家长自己"鸡娃"。在小学阶段，主要是语文、数学、英语三门课程及相关拓展课程，家长对这些课程内容究竟了解多少呢？家长到底能极为熟练地教给孩子哪些具体内容？实际上，没多少家长能全面且熟练地将这三门课程的知识点和做题方法都教给孩子。别说家长了，就算是老师，也几乎没人敢宣称自己能教语文、数学、英语三门课。初中还有物理、化学、生物等科目呢，哪个人能做到非常熟练地教孩子好几门课？

所以，家长自己"鸡娃"是不切实际的。有些家长，只要一给孩子辅导就会发脾气，这还怎么"鸡娃"呢？这其实就像一场闹剧，让家长和孩子都疲惫不堪。

再谈谈通过补课班"鸡娃"。其实，补课班大多是提高班，即只负责提高，不负责补缺。很多补课班的主要补习内容就是让孩子大量做题。这对优等生来说可能是锦上添花；对中等生来说是浪费时间，因为他们吸收不了多少补课的内容；对差等生来说则是雪上加霜，大量做题反而给他们增添了负担，慢慢地他们就因受打击而丧失自信心了。差等生需要的并不是大量做题，而是学习方法。

当然，确实有一些补课班能对差等生进行适当补缺。如今，补课班要么已经不存在了，要么受限了，通过补课班"鸡娃"就更不现实了！

由此可见，不管是家长自己"鸡娃"，还是通过补课班"鸡娃"，这两条路都不现实。所以说，"鸡娃"是个伪命题，缺乏现实意义。但有一条路值得家长尝试，那就是教孩子学习方法（详见本书2.6节）。

现在我已经把系统化的"工具箱式"学习方法归纳好了，家长只需多学习并练习几遍，就能熟练运用。家长教会孩子学习方法之后，让孩子用这些方法自主学习，再适当协助，家长和孩子都轻松，这样也就不存在"鸡娃"了。

方向和方法正确，一切都会轻松顺遂；方向和方法不对，结果就会南辕北辙。

读到这里，可能有人会习惯性地反驳：别的家长都在"鸡娃"，我要是不"鸡娃"就会比别人差。但是打算怎么"鸡娃"？"鸡娃"有效果吗？我反复强调要教会孩子学习方法，你为什么不试试呢？关键不在想法，也不在别人怎么做，而在于效果。没有效果，一切都是错的，都是多余的。

　　总之，家长应及早认识到："鸡娃"是个伪命题，抓好学习方法才是关键。教会孩子学习方法，让孩子自主学习，家长适度辅助，孩子的学习之路才能顺畅。

6.5 培养自律行为习惯

究竟什么是自律呢？自律指的是自我约束、自我管理，自觉地调控自己的行为，依据既定的目标和规划行事。

以下是一些体现自律的例子。

（1）按时起床。每天无论天气状况和心情如何，都能按时起床。想象一下，当清晨的第一缕阳光洒在孩子的脸上时，他能够毫不犹豫地从温暖的被窝中爬起来，迎接新的一天，这不仅是一种习惯，更是一种对生活的热爱和对未来的期待。

（2）保持规律作息，不熬夜，以确保充足睡眠。良好的睡眠是孩子健康成长的保障，而作息规律则是培养孩子自律行为习惯的重要一步。

（3）每日进行运动，即便工作繁忙也能抽出时间进行体育锻炼。在运动中，孩子能够感受到自己的力量和活力，培养出毅力和自律精神。

（4）控制饮食，比如避免暴饮暴食，抵制垃圾食品，依照健康饮食计划进食。当孩子学会控制自己的饮食时，他也将学会如何管理自己的生活，这是自律的重要体现。

（5）每天写随笔。写随笔是孩子表达自己的方式，在写随笔的过程中，孩子能够不断挖掘自己的潜力，培养出自律和坚持的品质。

（6）每天写计划，靠计划管理自己的时间，靠计划提高效率。

从上述例子能够看出，所谓自律，实际上就是养成一些良好的行为习惯。

6.5.1 孩子能否做到自律，责任在于家长

在养育孩子的漫长旅程中，家长反复叮嘱孩子要自律，然而孩子到底如何才能真正做到自律呢？实际上，家长不能只是在口头上要求孩子自律，而要通过实际行动来为孩子培养自律的行为习惯。

家长的一举一动对孩子有着非常深远的影响。当家长为孩子做出自律行为习惯的示范时，孩子就会模仿。经过反复模仿，孩子逐渐拥有了自律的行为习惯，自律也就自然而然地产生了。

孩子自律产生的链条是这样的：家长示范—孩子模仿—家长反复示范—孩子反复模仿—孩子拥有了自律的习惯—孩子变得自律。孩子自律得以形成的关键在于家长亲自为孩子示范自律的行为习惯。这也就表明，孩子自律的根源在于家长，孩子自律的责任也在于家长。

6.5.2 不必要求孩子自律

家长要培养孩子的自律能力，而非要求孩子自律，这二者的含义有很大差别。

家长培养孩子的自律能力，责任主体是家长，考核对象也是家长。孩子是否自律主要体现在行为举止方面，培养自律能力主要依靠家长的示范，即主要依靠家长的身教，家长要为孩子树立榜样，用行动让孩子感受到什么是自律、什么是责任。

倘若家长只是口头要求孩子自律，那就把责任推给了孩子，这就变成对孩子的考核，如此便偏离了养育孩子的正轨。家长若只是简单地口头提要求、下命令，孩子既无法做到也学不到什么，亲子关系也很快会恶化，无数家长的实践证明了这一点。因此，家长尽可能不要把孩子自律的责任推到孩子身上。

同时，家长尽可能不要把培养孩子自律能力的责任推给学校。实际上，孩子的自律能力主要是在家庭中培养出来的。学校主要负责教书，家庭主要负责育人，学校和家庭应各司其职。自律的本质是要有良好的行为习惯、守规矩，尤其要遵守家规。家规即每个家庭成员的行为规范，是家庭成员要共同遵守的准则。

在养育孩子的过程中，家长既不要刻意要求孩子自律，也不要整天紧紧盯着孩子的积极性、内驱力和自觉性。事实上，紧紧盯着这些方面往往是徒劳的。因为这些特质不是由外力督促产生的，它们来自孩子的内化。内化的核心内容主要有两点：一是行为习惯；二是方法。这里所说的方法包括学习方法、做事的方法以及应对问题的方法。

如果家长期望孩子具备积极性、内驱力和自觉性，期望孩子能够自律，就不要一味地给孩子提要求、下命令。家长应该一心一意、全力以赴地为孩子培养良好的习惯，教孩子掌握各种各样的方法。只有这样，孩子才有可能在成长的过程中逐渐内化出这些宝贵的品质。

6.6　构建积极的沟通方式

6.6.1　亲子关系中的语言炸弹

　　父母的言语对孩子的成长有着极为深远且不可忽视的影响。然而，有些父母却在不经意间投放了一枚枚具有强大破坏力的语言炸弹，这些可怕的语言炸弹不但会重创孩子那如花朵般娇嫩的自尊心，还有可能如同隐形的恶魔，对孩子的心理以及行为习惯造成难以挽回的不良影响。

　　以下是亲子关系中常见的语言炸弹示例。

　　（1）负面评价类：不积极、不主动、缺乏动力、不自觉、缺乏自控力、不勤奋、不认真、不会独立思考、专注力不足、拖拉、粗心大意、懒散懈怠等。

　　（2）贬低孩子类：缺心眼、水平太低、撒谎成性、教条刻板、虚伪做作、自卑怯懦、软弱无能、心胸狭隘等。

　　（3）行为问题类：撒谎、挑食、脾气暴躁、多嘴多舌、幼稚可笑、沉闷无趣、顽固不化、好吃懒做、自欺欺人、言而无信、强词夺理、随波逐流、自私自利、吝啬、邋遢、任性妄为、刻薄、贪玩等。

（4）性格缺陷类：冲动鲁莽、自以为是、好高骛远、虚荣心强等。

这些话语就像是一片片乌云，笼罩在孩子的心上，让他的世界失去了阳光的照耀。如果有人经常对你说这些话，甚至是大声对你说这些话，你会有什么感觉？请将心比心、换位思考。

6.6.2 为何要规避使用这些语言炸弹

（1）避免伤害孩子的自尊心。此类语言炸弹往往是在否定与贬损孩子，会使孩子觉得自己毫无价值，进而影响孩子的自尊心。孩子的自尊心一旦被这些语言炸弹击中，孩子的心灵世界将陷入一片黑暗。

（2）避免影响孩子的心理健康。长期遭受负面评价的孩子，容易出现焦虑、抑郁等心理问题。这些负面评价甚至会对孩子的性格发展造成不良影响。

（3）避免破坏亲子关系。这些语言炸弹会让孩子觉得父母并不喜爱自己，从而破坏亲子关系，致使孩子与父母产生隔阂。

（4）避免引发孩子的对抗情绪。孩子听闻这些负面评价后，极有可能产生对抗情绪，不愿与父母沟通，甚至会故意做出错误行为以反抗父母。

6.6.3　如何构建积极的沟通方式

（1）使用积极的语言。父母应尽可能使用积极的语言来跟孩子沟通交流。父母可以经常夸赞孩子所做的事情，让孩子体会到自己是有价值的。父母即使不用积极的语言，也不能用那些负面语言。

（2）提供具体的反馈。父母应提供具体的反馈，让孩子明确自己在哪些方面做得出色、哪些方面需要改进，从而助力孩子明确努力的方向。

（3）关注孩子的优点。父母要时刻关注孩子的优点，让孩子知晓自己是有优点的，父母是认同和欣赏自己的。当孩子感受到父母对自己优点的关注时，他会更加自信地展现自己，更加严格地要求自己。

（4）尊重孩子的感受。父母应当尊重孩子的感受，倾听孩子内心的声音，让孩子知道父母是理解和尊重自己的。当孩子感受到被尊重时，他会更加愿意与父母分享自己的喜怒哀乐，亲子关系也会更好。

（5）建立信任。父母要与孩子建立起信任关系，让孩子明白父母是值得信赖的，从而乐于与父母分享自己的想法和感受。只有建立了信任，孩子在父母身边才有安全感，才愿意配合父母。

6.6.4 莫给孩子贴标签

许多家长常常在不经意间给孩子贴上各种各样的标签，尤其是负面标签："这孩子就是懒""这孩子就是笨""这孩子就是调皮"……然而，他们往往忽视了这些看似平常的话语，实际上是隐蔽的攻击。

许多家长可能并未察觉到给孩子贴标签是一种攻击性行为，还天真地以为这样可以让孩子认识到自己的问题从而改正。但事实却截然相反，贴标签往往会对孩子的成长造成诸多负面影响。

孩子处于不断成长和变化的阶段，犯错、有情绪波动都是再正常不过的事。家长应当时刻保持清醒，以包容和理解的心态去看待孩子的这些问题，而非用标签去定义他。

家长在给孩子贴标签时，更多的是在发泄自己的不满与愤怒，妄图通过这种方式让孩子意识到错误，可这往往无法真正解决问题，反而会加剧问题的严重性。孩子会感觉自己被攻击，从而产生抵触情绪，认为家长不理解、不尊重他，长此以往他会更加不愿与家长沟通，也不愿听从家长的建议。原来的问题并没有得到解决，贴标签又引出了新的问题。

总之，家长应及早认识到：语言炸弹会伤害孩子的自尊心、影响孩子的心理健康、破坏亲子关系、引发孩子的对抗情绪。家长要用积极的语言夸赞孩子、提供具体的反馈、关注孩子的优点、尊重孩子的感受、建立信任。

6.7　道德感太强

6.7.1　什么是道德感太强

我们在生活中，常常会碰到一些人，他们总是对眼前的事实视而不见，也无视那些能够助力前行的工具，甚至对方法和技术层面的东西毫不在意。他们的眼中唯有"人"，他们把问题、责任与错误一股脑儿地归结到人的身上。他们凭借所谓的道德标准，对他人进行评判和指责，却将事实与方法抛诸脑后。这便是道德感太强的典型体现。

那些习惯约束和要求自己的人，不属于道德感太强的人。而那些总是用道德约束或攻击他人的人，才是道德感太强的人。只要他一说话，必然是在用道德评判他人，用道德攻击他人，用道德绑架他人，甚至用道德评判周围的一切。

道德就像一颗璀璨的明珠，是非常有价值的。但是，道德是让人用来约束自己的，道德不是让人用来约束或者攻击他人的。

道德感过强会引发诸多不良后果。

首先，它不利于问题的有效解决。当我们忽视事实与方法，仅仅将责任归咎于人的时候，便无法搞清楚问题的根源，难以找到真正的解决办法。我们真正需要做的是解决问题，而非针对人。

其次，道德感过强还有可能引发冲突与矛盾。因为道德感太强的人仅仅将目光聚焦于人，而无法客观地分析问题和事实，这样便很容易与他人发生争执，导致原本和谐的人际关系变得紧张起来。

在养育孩子的过程中，家长若道德感太强，便会对亲子关系造成破坏。

为避免陷入道德感过强的误区，我们需要努力做到以下两点。首先，遇事后，尽可能只盯着事情，不盯着人。当产生问题时，尽可能先从方法和工具层面去寻找原因，因为一旦将原因归咎于人，问题很可能就会陷入无解的困境。其次，要着力培养自己的叙事能力以及客观分析问题的能力，切不可忽视事实。

6.7.2　道德绑架话语举例

你怎么这般不听话？

你怎么如此不努力？

你怎么这么不勤快？

你怎么这么不积极？

你怎么这么这么不自觉？

你怎么这么这么磨蹭？

你怎么这么这么不阳光？

你怎么这么这么不用心？

你怎么不动脑子？

你怎么这么这么不认真？

你怎么这么这么粗心大意？

你怎么这么这么不如别人？

你怎么不给我打电话？

你怎么这么这么没良心？

你怎么这么这么恶毒？

你怎么这么这么跟我说话？

你怎么这个态度？

你怎么这么这么脆弱？

如果你这样做，你会让很多人失望。

如果你这样做，你就是个坏人。

我全都是为了你好。

你怎么还不领情？

你怎么这么这么无情？

你怎么这么这么无理取闹？

你怎么这么这么诡计多端？

....

上述话语，几乎每一句都可视为道德绑架。说教就是道德绑
架的前奏。

6.7.3 关键在"事"，尽可能不要盯着人

（1）学习问题。当孩子在学习方面遭遇困难时，比如不会
做数学题目时，家长不要轻易下结论说孩子不聪明、不努力或者
内驱力不足，而是要协助他探寻解决问题的办法。家长可以审视
一下孩子的学习流程是否规范，可以运用五步法则一步步尝试，
也可以与孩子一同对题目进行分析，找出关键解题步骤，或者提
供一些相关的学习资源，帮助孩子掌握解决问题的技巧。

（2）社交冲突。倘若孩子与同伴发生了冲突，家长不要立
刻指责孩子，而应引导他思考如何解决冲突。家长可以让孩子讲
述事情的经过，与其探讨可能的解决办法，教他如何与他人友好
相处并合理表达自身的观点。

（3）行为习惯。孩子可能存在一些不良的行为习惯，比如
拖延、乱丢东西等。这时，家长不要仅仅批评孩子，而是要制订
具体的规则和计划，帮助他养成良好的行为习惯。家长可以设定
时间表、整理物品的规则等，并给予适当的奖励和惩罚。

（4）遇到挫折。当孩子遇到挫折时，比如比赛失败、考试

失利等，家长不要过度关注他的个人表现，而应帮助他分析失败的原因，尤其是方法层面的原因，总结经验教训，鼓励他再次尝试。

总之，家长应关注事情本身，关注方法，而非过度盯着孩子，只有这样才能解决问题。

把关注点从人引向客观的事实及方法，不再是道德绑架，这么做能够培养孩子解决问题的能力、塑造孩子良好的行为习惯，并且增强他的自信心和抗挫折能力。同时，这也能够维系良好的亲子关系和营造良好的家庭氛围。

6.8 关键是养育实践

6.8.1 快乐教育

在儿童教育中，"快乐教育"常常被提及。那么，什么是快乐教育呢？

我觉得，快乐教育并不是要确保孩子时刻都沉浸在快乐之中，宛如生活在一个没有一丝烦恼的童话世界里，而是要确保家长一直坚持正面教育，让孩子在积极向上的氛围中茁壮成长。快乐教育的着眼点在家长的正面教育方法上。

其实，如果家长始终坚持正面教育，很少挑错、纠错，孩子不可能不快乐。

正面教育强调用正面的方法引导孩子成长，这意味着家长的每一次教育都应具有正面意识。当孩子出现问题或犯错误时，家长不应急于指出并纠正，而应通过再一次给孩子示范正确的行为来引导孩子自行发现问题或错误并主动改正，如此一来，问题或错误自然会减少。在这个过程中，孩子可以拿自己的行为跟正确的行为做对比，就像在一面明亮的镜子前，审视并调整自己的行为，从而不断成长和进步。

引导孩子自行发现问题或错误并主动改正，这才是关键所在。

现实中有不少人打着快乐教育的幌子，实则逃避责任和付出，逃避反复给孩子启蒙、培养好习惯以及教学习方法。这种"快乐教育"就像虚假的表演，看似精彩，却无法让孩子有所收获。

快乐教育并非让孩子毫无约束地享受快乐，而是在正面教育的基础上，让孩子在积极向上的氛围中成长和进步。

6.8.2　原生态理论

这个理论强调的是家长自身要做出改变，强调的是家长在孩子养育方面相较自己的父母有哪些改变和进步，其根本宗旨在于让家长减少对孩子的伤害。家长应尽量少在公开场合谈论原生家庭对自己的伤害，可多讲讲自己在孩子的养育方面相较父母的改变和进步。

原生态理论重点在年轻家长自身而非自己父母身上。我们需要吸取教训并做出改变，而非一味地埋怨指责父母。这就像一场自我救赎的旅程，我们要勇敢地面对自己的成长经历，努力为孩子创造一个更加和谐的成长环境。

在人生历程中，我们无法改变历史，也不应执着于追溯过往。父母的教育方式或许有欠缺，但那主要是其所处时代与环境导致的，我们不能将所有责任都归咎于他们。重要的是，我们可以从他们的经历中吸取经验教训，营造更健康积极的教育氛围。这就要求我们有意识地反思自身行为和决策，思考如何给予孩子更好的引导与关爱。

当我们真正领会原生态理论的内涵时，就会明白它并不是用来制造矛盾和冲突的，而是助力我们实现自我提升与家庭和谐的工具。

6.8.3 心理学

研究心理学是为了指导和帮助我们自己，而不是绞尽脑汁去琢磨并企图控制他人，方向一定要明确。

心理学的真正意义在于帮助我们了解、领会人性，让我们在为人处世时符合人性的特点与规律，而不是让我们去窥探他人内心。当我们深入研究心理学时，能够更清楚地认识到人类普遍存在的行为模式、心理机制和情感反应，进而逐渐实现对人性的理解，而这种理解主要用来指导我们自己的行为，而不是去控制他人。

在生活中，我们会遇到各种各样的人和事，心理学可以帮助我们更好地应对各种情况，促使我们调整自身的思维和行动方式，以更好地适应复杂的人际关系。我着重强调不应把重点放在挖空心思揣测他人上，实际上是提醒大家避免陷入过度解读或不恰当猜测他人的误区，我们只有以客观、全面的视角看待人类行为和心理现象，才能真正抓住心理学的要义。

如今的教育理论可谓多如牛毛，各种观点和理念层出不穷。上述介绍的三种教育理论仅仅是众多教育理论中的很小一部分。我在此建议各位家长，要么不接触教育理论，要么完整且系统、准确地把握教育理论的确切含义以及其适用的具体范围，要做到透彻理解。我们还是应尽可能多地去实践、尝试和摸索，通过实际行动和体验来积累养育孩子的经验。